I Have Been
Buried Under Years of Dust:
A Memoir of Autism and Hope

我被埋在尘土之下许多年

[美] 瓦莱丽·吉尔皮尔（Valerie Gilpeer）
　　　　　　　　　　　　　　　　——著
[美] 艾米莉·格罗丁（Emily Grodin）

陈诗航——译

中国出版集团
中译出版社

图书在版编目 (CIP) 数据

我被埋在尘土之下许多年 /（美）瓦莱丽·吉尔皮尔，（美）艾米莉·格罗丁著；陈诗航译 . -- 北京：中译出版社，2022.1
书名原文：I Have Been Buried Under Years of Dust: A Memoir of Autism and Hope
ISBN 978-7-5001-6813-3

Ⅰ.①我… Ⅱ.①瓦… ②艾… ③陈… Ⅲ.①回忆录－美国－现代 Ⅳ.① I712.55

中国版本图书馆 CIP 数据核字 (2021) 第 261121 号

I HAVE BEEN BURIED UNDER YEARS OF DUST: A Memoir of Autism and Hope,
Copyright © 2021 by Emily Faith Grodin and Valerie Gilpeer.
Published by arrangement with William Morrow, an imprint of HarperCollins Publishers.
著作权合同登记号：图字 01-2021-5995

出版发行：	中译出版社
地　　址：	北京市西城区新街口外大街 28 号普天德胜大厦主楼 4 层
电　　话：	(010)68359376，68359827（发行部）68002926(编辑部)
传　　真：	(010)68357870
邮　　编：	100044
电子邮箱：	book@ctph.com.cn
网　　址：	http://www.ctph.com.cn

责任编辑：	温晓芳
助理编辑：	陈逸轩
版权支持：	马燕琦 王立萌
封面设计：	北京锋尚制版有限公司
内文排版：	上海澄怀文化艺术发展有限公司

印　　刷：	北京中科印刷有限公司
经　　销：	新华书店

规　　格：	880 毫米 ×1230 毫米　1/32
印　　张：	8.875
字　　数：	130 千字
版　　次：	2022 年 1 月第一版
印　　次：	2022 年 1 月第一次

ISBN 978-7-5001-6813-3　　定价：69.00 元

版权所有　侵权必究

中　译　出　版　社

献给每一个正在寻找自己声音的人和所有那些渴望被倾听的人。这本书献给你们。

——艾米莉·菲斯·格罗丁

读者们：

你们好。

二十五年来，我一直被困在一个无法发声的躯壳里。在交流伙伴的帮助下，我学会了打字。如今，我能够以一种从前我认为绝无可能的方式真正地表达自己的想法和感受。

岁月从我身边流逝，我好像只是自己人生的一个旁观者。现在，我能够主宰自己的人生，而且再也不会保持沉默。我每天都充满感激。朋友们，请务必帮我个忙，当你们遇到自闭症患者时，请不要心怀偏见。我可以保证，他们拥有让你意想不到的能力。

艾米莉

序

2016年1月

"请问是汤姆·格罗丁,艾米莉·格罗丁的父亲吗?"电话另一端,一个女人正在询问我的丈夫。她听起来气喘吁吁,语气紧张。

这次又是什么情况呢?我想知道。这个夜晚,汤姆和我已经歇息,准备睡觉了。不用说,这通电话与我们二十五岁的女儿艾米莉有关。我们已经习惯接到这样的电话,只是不知道下一次会发生什么事。

"警察在这里,一共有七个,"她说,"艾米莉的护工受伤了,她需要去急诊室。我不清楚到底发生了什么,但艾米莉明显变得很有攻击性,现在这里一片混乱。艾米莉非常沮丧。我需要您来这里接走您的女儿,马上。"她的声音在整个房间里回响。我的肠胃立刻搅在了一起。几分钟后,汤姆穿好衣服,冲出了门。

类似的事情时有发生,有时她会情绪崩溃,有时我们需要和她交谈,让她平静下来。可是这次:护工需要去医院?七个警察在场?从未有过。

在等待汤姆和艾米莉回到恩西诺的家时，我在各个房间徘徊，想为她改变一切，希望我们没有发现自己陷入了这种困境，却又无法解决任何问题。艾米莉是我们唯一的孩子，一个美丽、优秀的年轻女孩，如珍宝一般。但同时，她患有自闭症，几乎丧失了语言能力。我问她一个问题，她会给我一个是或否的答案，但她无法详细描述，无法用言语表达她的喜悦或不满，也无法与我们或其他任何人展开对话。对于那些不了解这种障碍的人来说，这种缺陷就好像艾米莉被自己锁在了里面，没有能力做出决定，也没有个人喜好。她无法告诉我们她的世界是什么样的，自闭症是如何影响她的，或者她为什么不能说话，为什么不能理解这个世界。她不能告诉我们她是胃痛还是牙疼，是不是需要某种帮助。她似乎住在一个孤立的房间里，我们多次尝试着走进去，但都失败了。她独自一人待在里面。

当她无法与人沟通又很沮丧时，自闭症患者常见的癫狂症状——强迫和／或重复的行为、自残、惊声嘶喊——就出现了。简单地说，她可能会崩溃。不管跟谁在一起，无论在什么地点。

她还小的时候，情况没有那么严重。虽然在那个时候，她的爆发也很难平息。现在她已经完全成年，拥有了一定的空间，她的声音洪亮有力，身型高大挺拔，这些事也越来越难处理。艾米莉的行为与其他人不同，而这些行为往往令人吃惊。

那通电话打来时，她正住在韦斯特伍德的一个公寓里，有工作人员陪伴，正在参加加州大学洛杉矶分校为有特殊需要的学生开设的衔接项目。

这都是我们想让她独立生活而进行的一部分尝试，也是我们许多养育着特需孩子的朋友也鼓励和认可的一个努力方向。我们想让她尽可能掌握独立生活所需的技能，在没有汤姆和我陪伴她、替她表达、为她搭建起和外界之间的矛盾缓冲区时，她能够为这样的生活做好准备。

艾米莉出生时，汤姆和我已经是高龄父母了。从她第一次被确诊开始，我们就担心，如果我们不在她身边，不再当她的左膀右臂，艾米莉将如何在这个世界上生活。虽然大多数处于我们这个阶段的年轻人的父母现在都希望看到他们的孩子自己独立生活，但我们只是希望她能在没有我们持续干预的情况下站稳脚跟。

从某些方面来说，1月份的电话不应该那么令人震惊。过去一年，她的崩溃变得越来越难以收场。最近，为她提供帮助的机构要求我们寻求额外的行为治疗服务，想要控制她的行为，我们也照做了。虽然我们发现这二十多年的行为治疗对艾米莉来说几乎无效，但我们还是默默地照做了。我们做完了所能做的一切。艾米莉对独立自主越发渴望，对言语表达的局限日渐抵触，她的情绪和挫败感都翻涌得越来越强烈。

生下一个患有自闭症的孩子，被告知她永远无法进行真正的交流，她的人生将一直严重受限，这相当于需要承受持久又深刻的悲伤。

从我们的经历来看，一个自闭症儿童就像一个被锁在密室里的人，这间密室位于破旧楼道的顶部，在一所被攀爬的藤蔓缠绕、被木板封住的房子里，而这所房子伫立在一条被交错倒下的树木堵塞的车道旁，而这条车道并没有与外界的公路相连接。这间秘室是自闭症患者生活的全部，里面完全与世界脱离。然而最可怕的是，你知道在那间密室里，还有一盏灯亮着。

艾米莉很小的时候，我们就能强烈感受到她眼中的朝气与活力，也能意会到她体内蕴藏着一种智慧。然而，数不清的专家无数次地告诉我们，我们对她的期望会落空。她永远都不能与人交流，她的人生将永远受限。二十五年后，我们接受了这个现实，同时仍然希冀现实可能不是如此。一方面，我们接受了她就是这样去面对世界的客观现实，我们完全接受她，全心全意地爱她。我们也在心底种下坚定的期许，这在我们接触过的所有专业人士看来，都是很荒谬的。我们的梦想能成真吗？艾米莉最终有没有可能对我们讲述她的生活呢？如果可以，她可能会摆脱一些长期困扰她的自闭症束缚。我们坚信，总有一天，她会从忍无可忍的挫败感中解脱出来。

不过我担心，我们认为她已经准备好离开家生活还为时过早。也许我们还不了解她的生活能力。我们不知道如何向前。

大多数目睹了这些事件的人并没有意识到她的这些行为是她的一种交流方式。因为没有组织语言的能力，她没有其他的表达方式。我们知晓并理解她的这种状态,但到了这一步,通过突然的爆发来表达自己已经是毫无作用且越来越成问题的一种方式。我们需要帮她找到另一个出口。

"七个警察。"我脑海里全是这几个字。

加州大学洛杉矶分校的项目只是一个开始,是一次发掘她的优点和缺点的探索。然而,这次尝试并没有完全按照我们希望的方式进行。虽然我们已经安排了每周七天、每天二十四小时不间断的支持,让她在校园里、社区内和社会交往中更加自在,让她体验我们不在身边的生活,但当她的行为出现问题时,我们还是会经常联系她。

一些小事都能点燃她的怒火。计划的改变或任何形式的障碍(既是字面上的障碍,也是比喻的障碍)都可能让她发出痛苦的叫声、晃动手指、大声叫喊,她还会有一些表现自己不满或焦虑的激烈行为。她不止一次地在公共场合爆发,这引起了一名保安或乔氏超市[1]经理的注意,他尝试着介入。虽然这些管理人员可能是出于好意,但有时他们的介入会让事态升级,让情况变得更糟。在一个极端的情况下,艾米莉可能会尖叫,好像她的生命受到了威胁。她可能会拍打自己的头或咬自己的手指。如果她想要引起某人的注意,她可能会动手:用指甲去抓、去掐甚至去挖他们的皮肤。你可能以为我们现在已经习惯了,但有时这些爆发仍然让我和

---

1 译者注:乔氏超市(Trader Joe's)是美国最受欢迎的超市之一,已在美国二十五个州开设超过三百四十四家店。

汤姆感到不安。当艾米莉心烦意乱，想让别人知道她很焦躁时，即使是我们这些了解她善良温柔本性的人也会不知所措。我可以想象那些不认识她或碰巧在公共场合看到她的人会如何看待她的行为。

就像我脑中想象的警察们一样，他们聚集在她周围，跟她对峙。

我在屋子里来回踱步，然后整理她的卧室。我不禁想象着韦斯特伍德街上红蓝相间的警车灯光，而她就住在那里。警察们拔枪了吗？我想象着他们紧紧包围着我的女儿，她满脸都是惊恐。她应该完全无法回答他们的问题或者解释发生了什么。她对所发生的事情一定感到非常困惑。在这样艰难的生活中，我只能保护她免受许多事情的影响，但不能保护她免受所有事情的伤害。我害怕自己让她失望了。

不一会儿，我的手机就振动了起来。护工被抓伤的手和胳膊的照片出现在屏幕上。这名妇女的前臂上的耙状皮肤和带血的擦伤看起来很熟悉。她曾以类似的方式伤害过我。我的头感觉就像被钳子夹住了，我对她给护工造成的伤害感到惊恐。

不管是什么引发了艾米莉的这种反应，这种程度的攻击显然不可接受。

接着，我收到了护工的雇主发来的短信，就是那个打电话告知我出事了的女人。她写道："这个护工可能需要整容，"她说，"你准备好弥补这一切了吗？" 我觉得政府雇用来确保我女儿安全的机构向我发出了威胁。他们正在寻找任何借口来摆脱他们对艾米莉应负的责任。我们不能再这样下去了，没有人可以，尤其是艾米莉。我们需要采取行动来纠正她的行为。可是该做些什么呢？

一小时后，汤姆带着艾米莉回家了，她的状态还行，没有太过激动。事实上，她很平静。当然，比我感觉到的要平静。

"发生什么事了？"我问。

"我们先把她弄上床，然后我再告诉你情况。"他说。

艾米莉径直回到她的房间，对今晚发生的事情毫不在意。我们为她盖上了被子。我抚平了她额头上的头发，吻了吻她，跟她道晚安。她翻了个身，我关上了灯。

我们回到卧室，汤姆告诉了我事情经过。

"一切都是因为她的白板，护工在白板上写下了艾米莉的日程表。"艾米莉觉得日程安排有误，所以一直都很焦躁，她尝试着告诉护工这是错的，但那个女人一直坚称没有问题。艾米莉变得很激动。她想让护工修改黑板上的字，所以用手刮伤了她。护工开始慌乱，就跑了出去，结果不小心把自己锁在了门外，留下艾米莉一个人在房间里。然后那个女人使劲地敲门，尖叫着让艾米莉开门。最后，这位护工给主管打了电话，主管派来了这个服务机构的共同管理者卡桑德拉。

"是警察缓和了局势。"汤姆说，"不是她的护工们，她们不知道怎么让她平静下来。"

汤姆到那儿的时候，卡桑德拉已经在公寓里了。那时警察已经走了。

"我女儿在哪儿？"汤姆环顾着公寓四周，问卡桑德拉，"我想带她回家。"

"艾米莉不会跟你走的。"卡桑德拉警告着。

"你什么意思？她当然会跟我回家。"

"不可能，她不会，任何人让她做什么她都会拒绝。这就是问题所在，她非常固执。"

"我是她父亲，她听我的。"

"我希望你带了牙刷，因为你需要在这儿过夜。我找不到其他员工来做这份工作，她对待护工的方式完全不能让人接受。她明确表示了自己不会让步。"

"她现在在哪儿？"汤姆问。

"在她的卧室。她不会跟你走的，我就这么跟你说，她一点都不配合。"

汤姆打开了她卧室的门。艾米莉坐在床上看着他，眼睛睁得很大。

"艾米莉，亲爱的。"他在她旁边坐下，"你看这样好不好，我们回家去看妈妈吧，你觉得呢？"

听他说完，她站了起来，穿上鞋子，准备马上离开。当汤姆带着艾米莉走出去时，卡桑德拉无言以对。艾米莉的反抗到此结束了。

现在她终于回到家，我们都筋疲力尽了。重点是这件事已经结束。同样，她参加的加州大学洛杉矶分校的独立生活试验也告终了。

那天晚上,我仍然睡不着,一直很担心。

这次有惊无险,但明天呢?我们需要为她规划一条今后的道路,当我和汤姆不在她身边为她协调时,我们要确保她能在这个世界上立足。这个问题必须有答案。

当时我们仍然束手无策,但是再过几个月,我们心爱的女儿就能向我们完全表露自己了。

1

(艾米莉的话)

在不同情况下,我会发出不同的声音。你们最常听到的是我"思考的声音"。这种声音里有很多高音和低音,几乎可以算得上音乐了,听起来就像"噫、咦"。

我常发出的第二种声音是刺耳的尖叫声,表明我很兴奋。以前我在兴奋的时候会扯着喉咙喊叫,周围的人会感到非常困惑不安,所以我有意识地改了改。

现在,扯着喉咙大喊是我常发出的第三种声音,意味着我不知所措或者恼羞成怒,但我现在很少这样了。

第四种声音是笑声掺杂着兴奋的话语,表明我对某件事十分期待,快要无法控制自己。

第五种声音是窃窃私语,可以说是胡言乱语。当我达到自己的极限时,就会发出这种声音,即便在感觉良好的情况下。

指引我在混乱中前行的,是我那患有自闭症的大脑,它是我身体的一部分,但那不是真正的我,不是我发出的那些声音。患有自闭症的大脑就是混乱之源,它是我的一部分,但从某些方面来说,它不能代表真正的我。

在我的想法和行为之间有一个思维空间，患有自闭症的大脑就横亘在那里阻碍着我想做的一切。它是我的一部分，会过度沉浸在声音、视觉或想法里，而从中抽离是非常困难的。

拥有自闭症大脑的艾米莉，是一个惹是生非的艾米莉，而我更喜欢安静不语和情绪稳定的艾米莉。

患有自闭症的大脑会分散人的精力，让人难以集中注意力。我常常感到精疲力竭，像是用脑过度或是无所事事。我一动，它就会不停发出噪声，而我的思绪却飘在别处。我还在学习如何控制它，有时这是一场战斗，有时我可以成功脱逃。更多时候，这是一场拉锯战。

五六岁时，我就开始发出这些噪声。我完全不知道我为什么会发出这些奇怪的噪声，也不懂这些噪声从何而来。我希望自闭的大脑能告诉我答案。我从来没有问过它，现在我会去寻找答案。

1991年10月，艾米莉出生了。那年我已四十岁，是一名资深律师。像大多数新手妈妈一样，我无法将目光从女儿身上移开，时常惊叹她是多么美妙、多么完美、多么精致。我不需要打开电视或与任何人交谈。我可以一直看着她，内心平静地一坐就是好几小时，感慨着自己能成为她的母亲是多么幸运、多么有福气。

她出生没几天就会微笑了，在只有四五周大的时候。

面对她的笑脸,即使是脾气最暴躁的人,也会变得平易近人。她喜欢观察周围的人。我的秘书助理是她出生后第一批来探望我们的人之一。她瞥了艾米莉一眼,就说:"我不敢相信她在看着我的眼睛。她好专注。"艾米莉有一头浓密的金色卷发,一双美丽的大眼睛,一身无瑕的肌肤。

人们不停夸赞艾米莉的乖巧可爱。我们还以为这只是人们对新生儿父母的致意,但我们很快意识到艾米莉有一些独特之处。

初为人母,我努力克服了一些挑战。艾米莉比预产期提前两周出生,我无法按计划参加在旧金山举行的一个案件听证会。在找不到当地律师来协助的情况下,我想办法与法庭书记员和一位非常配合的法官协调一致,在舒适的家里通过电话参加听证会。令我没有想到的是,自己一边在摇椅上照顾艾米莉,还一边完成了工作。这一切都太完美了。

我的母亲截然不同,她的人生在很大程度上受了时代的影响。年轻时她做过会计,有了孩子便辞了工作。在我与异性接触的那些年里,她一直希望我能嫁给一个有钱人,一辈子都可以不用工作。就像她所处的年代和她的志向决定了她一生的命运,我所处的时代和我的理想决定了我要走的路,我热爱我的事业,喜欢与外界形形色色的人打交道。

在遇到汤姆之前,我是一个非常快乐也容易满足的单身女性,我事业有成,甚至有钱去做房地产投资。我没有伴侣,却拥有我所需要的一切,我经济独立,可以随时做我想做的事情。

我的律师业务多种多样，我喜欢这份工作，因为它永远不会枯燥。我有自己的律师事务所，最初位于比佛利山，然后搬到了世纪城，我处理民事诉讼事务，主要集中在财务纠纷方面。从早上8点到下午3点的工作日已经成了我完美的日常——我从来不吃午饭——一般在下午我可以去海洋公园人道上的"运动健康"健身房，然后回家为晚上做准备，经常包括约会的准备。这样的生活十分完美。虽然我约会过，也有几段看起来会长久发展的恋爱关系，但我还是希望能遇到那个特别的人。

每周五晚上，我都去小酌在朋友温迪·莫斯家里，跟她抱怨那周的约会。她是一名地方副检察官。我觉得她的丈夫已经很讨厌我了，因为我毁了他们很多个周五。我非常肯定是他怂恿温迪为我和某人安排一场约会，把独处的时间还给他们。

温迪几乎没有事先告诉我一声，就这么安排了。她告诉我她的一个朋友会跟我联系，对方是一名公设辩护律师，她觉得他可能是一个不错的人选。很快，我就接到了汤姆的电话。寒暄了几句后，他邀请我去吃饭。

我们在一家印度餐厅见面，我以为这顿晚餐一小时就可以吃完。在享用咖喱角、坦都里烤鸡和香肠期间，我发现他很聪明，很有趣，透露着一种冷幽默。他开玩笑取笑我公司的客户，把自己想象成罗宾汉，与我扮演的约翰王子"势不两立"。

他说："如果我们举行一场晚宴，把我们的各类客户召集在一起，我们就能在餐桌上看到社会各行各业的每一个代表人物，这场晚宴最后会变成一场食物抢夺大战。"他让我开始有了自嘲的想法。

汤姆也记得那天晚上："有一帮人给我安排相亲，但相亲对象中没有一个是合适的。我真的厌烦了，但我答应了温迪，觉得这次应该赴约，但也不抱任何期望。然后你走了进来。我完全被迷住了。我没想到这次约会的对象会是这样一个人。哇，你真漂亮。从我们打招呼的那一刻起，一切都很轻松、很自在。我们相处得那么融洽。你充满了活力。我从来没有过这样的感受。"

结账时，汤姆没有让我 AA，言行举止礼貌得体。

虽然已经结了账，但我们还是找了一个继续待在一起的理由：我需要分享另一个故事，他需要讲一个笑话。也许我们还可以去喝杯咖啡。餐厅的工作人员都想把我们赶出去，这样他们就可以下班回家了。我看了看手表，我们已经聊了五小时了。

那天晚上开车回家，我们在停车场逗留了一会儿，很不情愿地向对方说了再见，我开车时完全错过了岔道。我以前从没有在回家的路上迷路过。一些特别的情愫正在发酵。不久后，我对一位挚友说："他就是我要嫁的人。"

随着见面次数的增多，我学着去欣赏他与人共事的能力，他比我厉害多了。我知道他从小就参加体育运动，培养了他善于合作的能力。而我没有在那种环境中长大。我的父亲是个体户，在我的童年时代，没有任何团体内部的互谅互让。另外，我是在为自己打工，不习惯迁就别人，但汤姆教会了我该怎么做。他是个典型的中西部人[1]，这让我感到很欣慰。

他唯一的缺点就是衣品太差。他经常穿着没有熨过的涤纶衬衫，打着针织领带。每次都穿那一件难看的浅蓝色外套，他又冊又旧的鞋，几乎什么都能穿。在我们第一次约会之后的一两个月里，我想办法说服他扔掉那件难看的外套，然后我带他去买衣服。在那之后，他的衣着和他那个人就很相配了，他看上去很帅。

我们的恋爱期很短暂。在我三十八岁时，我们结婚了。那年他四十一岁。我们没有一定要生孩子，但我们都认为，如果我有幸怀孕，我们会很高兴去组建一个家庭。在我还没遇到汤姆之前，我就给我的孩子取了个名字叫艾米莉，以表达对我父亲曼纽尔的敬意，他在五年前就去世了，我想让人们记住他。我们给最喜欢的一个毛绒玩具起名为狮子利奥，心想着这是为艾米莉准备的。我觉得我们真的很想要孩子，却不敢承认。

结婚后不久，汤姆就离开了律师事务所，在比佛利山开办了自己的刑事辩护事务所。不用说，我们在经济上比较宽裕。

后来我没有来例假，突然间，我们就要组建一个家庭了。

---

[1] 译者注：美国中西部人的典型特征是生活比较慢悠悠，保守派，注重家庭生活，为人友善。

我们觉得，一旦孩子出生，我们今后的生活就会像我的职业生涯那样顺利展开：按部就班地遵循一个简单的计划。我周围的每个女性都在生孩子，并且可以毫无障碍地恢复她们的产前生活。她们雇了保姆，事业继续顺利发展。在我看来，她们的社交生活没有中断，她们钟爱的活动也没有停滞。他们的旅行计划也没有受到影响，我们也是一样。

事实上，我对养育孩子一无所知。我十几岁的时候甚至都没有照顾过任何婴儿。我在这方面完全无知，而且我已经独自生活了太长时间。怀孕期间我很焦虑，担心我的孩子会不会有残疾。我常常很惊慌，尤其是在晚上，我无法入睡。为了避免焦虑，我睡在床的另一头，晚上也会在家里来回踱步，或者在外面走来走去，除了汤姆，我很少跟其他人倾诉我的焦虑，他也非常清楚我夜里的不安情绪。我提醒自己，家族里没有任何一个人一出生就带有任何形式的残疾。我可能在孕期过度焦虑和抑郁了，但这些是可以控制的，不会对生活造成影响。

当然，新手妈妈的日子没有那么理想。在最好的条件下，生活并非没有挑战。我们只是在走别人走过的路。我原以为艾米莉出生后几个星期我就可以回去工作了。作为事务所里唯一的一个执业律师，我的办公室里没有人来收拾残局。所以我和汤姆请了一个保姆。

汤姆对家庭生活也有同样的期望。他看到他的哥哥姐姐们有了孩子，体会到他们的快乐，也看到了挑战。他已经准备好了。"我想成为一个好爸爸，永远在她身边。这是我最大的心愿：尽我所能做一个好爸爸。尽管如此，我从来没有想过我们会有一个残疾的孩子，我们必须面对这个问题。"

艾米莉出生三周后，我每天开车通勤在比佛利格伦大道上，这是一条蜿蜒的峡谷之路，与我们居住的洛杉矶北部的丘陵地区相连。生活比我预想的要艰辛。我想念我的宝贝女儿。开车时，我总是看到艾米莉的脸在我面前。有时我会哭。太难了。我不停地抽母乳，尽我所能去做一切，一直哺育她，直到她满了十个月。不过，每一个白天离开她去上班，我还是感到撕心裂肺。

我安慰自己，提醒自己，我和汤姆所受的教育、个人的喜好和优渥的经济条件确保了我们一定能够给艾米莉一个最美好的世界。我们决定尽可能多地与她分享一些经历。我们发誓每次旅行都要带她一起去，向她展示这非凡的、宽广无垠的世界。

所有的迹象都表明艾米莉是完美的，她完全符合我们的期待。她六个月大的时候，我们带她一起去密尔沃基探望汤姆的家人。在机场，我们租了一辆车，当汤姆把后备厢装上行李时，我费力地想把艾米莉的婴儿座椅固定住。那是美好的一天，艾米莉静静地坐着，我试着把汽车安全座椅扣牢，越来越不耐烦。

"需要帮忙吗？"汤姆问，他紧紧拿住行李，想要帮忙。

"我知道怎么弄。"我越来越烦躁，对他厉声说道。我晃了晃连接处，收紧了带子，但还是搞不定这麻烦的东西。

艾米莉从座位上伸出手。她的眼睛总是专注地观察着我的一举一动。她明显意识到了我在生气,决定帮我。她伸出她的小手,只是有意地按下了一个需要被松动的按钮,就成功了。一瞬间,座椅和汽车牢固地合上了。

她怎么知道这样去做?她才六个月大。

"嗯,很明显你不再需要妈妈了,是吗?"我开玩笑地吻着她的额头。

但我还是惊呆了,她比我更了解汽车座椅的结构。

在那次旅行中,艾米莉给了我们许多惊喜。我们开车去芝加哥,去参观博物馆,在密歇根大街购物。在诺德斯特姆电梯里,艾米莉从婴儿车里抬起头来,仔细端详着这个密闭空间里每个人的脸。她如此专注,当站在我旁边的女人说"哇,您的宝宝真专注"时,我有点惊讶。艾米莉的凝视如此认真,注意力如此集中,每个人都想跟她打招呼。

这种情况时有发生。后来,在马歇尔·菲尔德商场的茶水间里,我们也有类似的经历。艾米莉一直盯着别人看,目光凌厉。

"那边有个婴儿正盯着我看。"我听到一个女人跟她的同伴这样说。

几个月后,回到加利福尼亚的曼哈顿海滩的码头,我听到了同样的话:"你看到那个孩子了吗?她看我的眼神,真是神奇。"在她蹒跚学步的那些年里,她一直都会这样如此专注地注视着外界。

艾米莉的成长发育大都符合科学预测的时间线,包括斯波克博士、海蒂·穆尔科夫(《怀孕了,你应该期待什么》

一书的作者)在内的多位专家都阐明了这些规律。她在大约四个月的时候就能翻身,六个月大的时候就能坐起来,并保持坐姿。

在她第一次生日聚会上,她向我们展示了更多的自我。像所有同龄的孩子一样,她一直在家具上挪动、爬行,就像在巡游。但是在那天,她决定是时候抬脚走路了。她摇摇晃晃地走着,没能穿过房间,每走几步就跌倒,跟跟跄跄地走进了我们的怀里。她对即将响起的掌声或即将获得的奖励没有表现出任何兴奋与期待。她只是打定了主意要开始走路,就站了起来,走到房间的另一头,好像她一直都在这样做,没什么大不了的。她准备好了,就抬脚走了。

现在,我回想起了这一点,再联系到她在生活中处理许多事情的方式。一旦她决定了要做,就会在眨眼间行动起来。这只是她个性的一部分。

在她一岁生日后不久,她就能在"芝麻街"的提示下,从嘴里蹦出单个字母了,还能说出数字 1 到 10。她会给洋娃娃喂食,喜欢充满想象力的游戏。当她那天站起来,那么坚定地开始行走时,就再次印证了我们的期望:我们正在抚养一个与众不同、不可思议的孩子。

然而,其他的一些事情也让问题浮出了水面。

艾米莉差不多四个月大的时候,汤姆抱着她,她慢慢变得很僵硬,想挣脱他的怀抱。她看起来很痛苦,不愿意被触摸,不愿意被抱着。她的背很僵硬,双腿不停地踢。她痛苦地尖叫起来。她对拥抱明显感到不适。汤姆也被吓坏了。

"我以为所有宝宝都喜欢拥抱,"那天晚上他告诉我,"好像有些不对。"

"婴儿们都是独立的个体,有些孩子不太喜欢拥抱。"我回答说。但我也在暗自担心。我也注意到她越来越远离我。是哪里出了问题吗?不,我告诉自己:"所有的新手爸妈都会这样想。一切都好,没有大碍。"

虽然艾米莉会用锐利的目光盯着别人,但她并没有真正与人进行眼神交流。全神贯注地盯着一个人和进行真正的眼神交流有明显的区别。艾米莉没有与外界建立起联系。她目不转睛地盯着我看,对大一点的孩子和大人来说,这种行为是没有礼貌的。

其他迹象也令人不安。不管什么时候,艾米莉一秒都不愿意我离开。当她意识到我早上要离开家去上班时,她会表现得非常受伤。虽然看到我离开她很不高兴,但当我下班回家时,她也没有兴奋地迎接我。迎接我回家的是正在发脾气的她。我真的不知道她是想让我回家还是想让我走远,我只能猜测她的情绪并决定缩短工作时长,这样就可以给她更多陪伴。这样一来,情况稍有改善。不过,每当她听到"再见"这个词,甚至只是我挂断电话时的告别,她都会非常难过。我一直在担心会不会出了什么问题。

2

(艾米莉的话)

我知道我让他们失望了。他们希望我能开口说话。我心里充满了挫败感,但不是因为我渴望与外界交流。小的时候,保持沉默的我也同样快乐。现在,我感到很难过,因为我辜负了他们的期望。

有时,年轻的我会感到手足无措,这种感觉就像是很多文字和话语不断围绕着我,挥之不去。在我很小的时候,我很难把注意力集中在任何事情上,除了那些当下能被我的大脑高度感知到的东西。

大部分时间里,我都跟我的父母在一起。我一直觉得和他们在一起是最安全的。他们竭尽所能地保护我。直到今天,他们身上的气味还是会给我带来安慰,就像刚学会走路时那样。那种味道不像香水,是他们自己的味道。

在我很小的时候,他们一直在我周围忙前忙后。就像爸爸,他总是一次性跨两级台阶。他们从来都没有闲下来过。他们总是忙着带我出去玩,去公园,而他们自己的工作也很忙。童年记忆中最清晰的是他们的脸,我记得他们经常看着我,好像要记住我的每一个细节。他们的模样没怎么变。总的来说,他们变化不大,但那个时候他们要忙碌得多。从性格方面来说,妈妈是急性子,而我在很小的时候就知道爸爸的性格沉稳冷静。

我一直住在这幢房子里,所以我还能回忆起他们在房子各个角落忙碌的场景。我记得他们经常穿得很美,妈妈的高跟鞋发出咔嗒咔嗒的声音。我很喜欢那种声音。我们总是一起吃饭,总是坐在一块儿。虽然那个时候我还小,但是晚餐的气味也十分让人安心。我一直都很喜欢糖果。我喜欢吃冰激凌。我喜欢看"芝麻街"。我爱我的家,从过去到现在,它依然是给予我安全感的地方。

我的父母希望我有机会尝试一切。他们教我如何骑自行车、如何滑轮滑。我看到其他小朋友也在做这些事情,所以我自然也喜欢。一直以来,我的父母都是很棒的老师。一直以来,他们都会和我进行交流。即使我不能回话,他们也不间断地跟我聊天。我觉得这些对我来说很有帮助。

他们总是表扬我,我学到的一切东西都值得庆祝。他们每年都会给我过生日。参加派对前,妈妈总是喜欢给我打扮打扮,她自己也穿得很时髦。

童年的大部分时光我都过得非常开心。我最大的困难就是语言方面的障碍,我就像无法识别文字一样,我无法保持专注,不能引导自己的注意力。因为我无法摆脱那个涣散的、患有自闭症的大脑,学习一些东西会占用我更长的时间。

"您的孩子听力有些障碍吗?"音乐课的老师尽可能委婉地问我,"她有没有可能听不见?"

我怔住了。我没有注意到她的听力有什么问题。在家里,她隔着三个房间都能听出电视上播放的"班尼之歌"[1],然后跑过来。

和许多刚做父母的人一样,我们在书上读到让孩子在很小的时候接触音乐可以促进他们的智力发育,所以我们为她报了一个音乐班,这门课由专业小提琴家和她同样是音乐家的姐姐开办。姐妹们为孩子们演奏不同的乐器,包括跋和打击乐器。其他的孩子随着音乐跳起了舞,要么站在那里摇晃,要么会拍手,他们都在与音乐互动。而艾米莉对音乐一点反应都没有。

我应该注意到的是,即使是在敲钹打鼓的时候,她在那堂课上也无动于衷。她一点也不觉得刺耳,所以老师向我提出疑问。直到今天我也不明白,对那么多声音都非常敏感的艾米莉,为什么还能端坐在刺耳的噪声里。一次,在一辆敞篷的车里,我一直坐在她旁边,一群摩托车手在一旁呼啸而过,她眼睛都不眨一下。然而,如果汤姆咳嗽或打喷嚏,她的反应会很明显。她的听觉有些敏感,有些不同。

我们决定对她做个测试。脑干检查的结果是:她的感

---

[1] 译者注:《班尼之歌》是《紫色小恐龙班尼》的主题曲,这是美国由 PBS Kids 频道面向一到八岁儿童推出的一档电视节目,由 HIT 娱乐公司(小火车托马斯的制作商)创造,通过小恐龙班尼的载歌载舞给孩子们传递有意义的教育信息。

官功能完全正常。艾米莉并没有失聪。

一岁生日之后,其他迹象也表明艾米莉可能没有在成长发育。我带她去参加了一个由心理学家主办的"妈妈与我"的活动,我注意到其他孩子会抱着他们的妈妈或者依偎在她们的腿上,想要亲近。艾米莉表现得更独立,实际上,我为她感到骄傲。其他小朋友都不愿意离开妈妈们在的地方,他们犹豫不前,有点害怕这个世界。但艾米莉没有。她起身走来走去,环视房间、探索四周、仔细检查。看看她是多么随心所欲。她是个坚强的女孩,有自己的想法。看到她那么独立,我很欣慰。

奇怪的现象接二连三地出现。汤姆带艾米莉去参加了恩西诺社区中心举办的类似"爸爸和我"的亲子活动。爸爸和孩子们都围坐在五颜六色的积木旁,准备搭建塔楼。汤姆坐在另一位爸爸旁边,他带着他的小儿子。小男孩把蓝色、黄色和红色的积木一个接一个地平稳地搭建了起来,很快就搭好了一座塔。看着这个不断变化的构造,小男孩很开心,一直笑着在做这件事,他的爸爸也很欣慰。

"看,艾米莉。"汤姆递给她一个积木,"你可以这样做。"他模仿着那个动作。

她没有任何反应,也不愿意听他在说什么。

汤姆教她如何开始建塔:"你可以像这样放积木。"

艾米莉没有回应。

"来吧,艾米莉,你不想建一座塔吗?"他开始恳求。

不管他做什么,都没能吸引她的注意力。她不想看到那些积木,也不愿碰它们。她几乎很害怕那些东西。

"我内心太煎熬了,"汤姆说,"我只是在求她把积木搭起来。天哪,看着别人的孩子都可以,我太难受了。我不知道是内力羞耻还是尴尬,趁着旁边没人,我很快搭好了一座塔,这样我就可以假装艾米莉也像其他小朋友一样完成了。"

虽然艾米莉可以在提示下数数,也可以跟着念出字母,但同时,她在用语言表达自我方面,远远落后。她也经常会尖叫。

在这些担忧中,我们几乎看不到一丝希望。有一天,艾米莉和保姆一起外出郊游,汤姆就站在邮箱一旁。"我去玩。"艾米莉对他说这个完整的句子。是她自己说出来的,我们非常激动。我们再次为她表现出的自主性、为她的进步、为见证了一个里程碑式的事件而鼓掌。与其他大多数孩子不同,她在咿呀学语的时候不会犹豫不决、结结巴巴。她说出的不是一个由不完整的词组构成的句子,她清楚地说出了一个完整的陈述句。毫无疑问,她开始在语言方面开窍了。我们满怀希望的等待着。

在"爸爸与我"这次事件后,汤姆一直忧心忡忡。他开始研究,开始在他的律师事务所里仔细阅读《精神障碍诊断与统计手册》(*Diagnostic and Statistical Manual of Mental Disorders*,DSM)[1],他翻遍了所里精神健康领域所有相关工

---

1 《精神障碍诊断与统计手册》最初起草于1952年,已经过几次修订,目前被称为《精神障碍诊断与统计手册》(第五版)。艾米莉被确诊后的几年内,这本手册进行了修改,如需参考,请对应年份。

作的资料,发现了这本参考书。晚饭时,他提出了一些问题。

"你没有注意到她没怎么进行过眼神交流吗?"他问道。

"她只是不太能集中注意力。"

"我知道。也有可能是别的问题。"

"你在说什么?"我反驳他,"她一点儿问题也没有。"

"人们说缺少眼神交流就是某些疾病的症状。"

"什么病?"我大怒,"你指的是什么?"

"就是……有些书里面说这是自闭症。"汤姆知道这个词是致命的。

"这个推断是不是有点太过了?"

"踮着脚走路呢?很多专家说这是一个很明显的迹象。"

我否认了一切,但有一件事我不能否认:艾米莉在学会走路后不久就开始用脚趾走路了。专业人士推测——几乎所有无休止的推测很快都会成为我们生活的一部分——自闭症儿童可能更喜欢踮着脚尖走路,因为这样可以带来感官上的刺激,而用整只脚走路不会有这样的感觉。在那时,踮着脚走路被认为是自闭症的确切病征。

"她不会一直这样,"我反驳道,"只是偶尔。"

"那尖叫呢?"

"她一直是个爱闹腾的宝宝。你记不记得,我们住在穆霍兰大道的时候,晚上**必须抱着**她来回走动,她才能看着城市的灯光直到平静下来?她可能只是闹腾得久了一点。"

但在某种程度上,我们几乎不可能对这些迹象视而不见了,我并不想面对眼前的事实。

我想说服自己，汤姆是在妄下结论。我们有证据证明她很聪明，比如汽车座椅那件事。还有一岁生日那天的直立行走。我像念咒语一样对自己重复这些话，不想听到她的其他迹象：她不像其他同龄孩子那样牙牙学语；不会叫"爸爸"或"妈妈"；她也没有做出指指点点这样明显的语前行为。

与此同时，汤姆正在他办公室附近的比佛利山图书馆查阅有关自闭症的资料。"在我内心深处，我知道那是什么，"汤姆后来告诉我，"我很难过，但我不想表现出来。"我想：行吧，我们正在面对这样的事。我很清楚发生了什么事。我们只是需要处理、面对。我愿意付出一切。

不过，我还是相信艾米莉是聪明的，而且很优秀。不管汤姆怎么想，我都坚信这一点。

艾米莉差不多十四个月大的时候，我告诉汤姆"等不及要听艾米莉说话了，我知道她有很多话要说"，就像在大声说出我对她的期望。现在，她随时可能开口蹦出几个词。我们一直在考虑生第二个孩子，我觉得如果艾米莉开始说话了，时机就差不多成熟了。我一直在等待。

艾米莉差不多十六个月大的时候，我们参加了"妈妈和我"小组中一个孩子的生日派对。这家人在院子里用塑料积木搭了一个小迷宫。这项活动非常简单，当孩子们进入迷宫并在其中规划路线时，所有的家长都在为他们欢呼和鼓掌。我们想要引导艾米莉参与其中，但她不愿意接近迷宫。要么她知道她做不到，要么她有些害怕。不管是什么原因，她的拒绝把我吓坏了。她是一个行为乖张的孩子，我有些生气。

也许汤姆是对的？开设"妈妈和我"这门课程的女士是一名心理学家。她应该对发育迟缓和其他儿童问题有所了解。在远离其他家长的地方，我私下里问她："艾米莉没事吧，是吗？我指的是在成长发育方面。"

"哦，没什么好担心的，"她安慰我说，"她那么独立。有一天还会当上美国总统。"是的，她很独立。她不像其他孩子那样会跟妈妈拥抱。我不确定十六个月大的独立是不是一件值得骄傲的事。

我很想相信专家的话，但随着日子一天天过去，直觉告诉我汤姆的判断没错，事情确实有些不对劲。

在我们去佛罗里达参加汤姆侄子受戒礼[1]的旅途中，转折点出现了。艾米莉十八个月大了，我很确定我们随时都将可能听到她说出她人生第一个完整的句子。

刚开始时，旅行很顺利。事实上，在去酒店的路上，我们经过了一家汉堡王。我们听到艾米莉在汽车后座上连续念了几遍字母"B"。她看到了霓虹灯招牌上的"B"。她不仅在念那个字母，还在展示自己是怎么识别那个字母的，说明在我们知道之前，她就会阅读，也会说话了。

仪式结束后，我们参加了庆祝会，艾米莉穿着花裙子、小玛丽珍鞋和紧身裤，很是可爱。当乐队开始演奏时，在舞厅的90年代流行音乐中，艾米莉摇摇晃晃地走到空荡荡的

---

[1] 译者注：犹太教庆祝男子满十三周岁和进入犹太教团体的典礼。受戒礼是犹太少年成人的标志。

舞池中央,开始扭动她的小屁股,她的尿布从裙子下面露了出来。整场宴会的一百五十位宾客都停下来观看她的动作。这当然没什么,我告诉自己别多虑。看,她的个性如此活跃,她的一切都让人看得入迷。

那天晚上,我们把她和一个十几岁的家族青少年留在了我们的酒店房间里,而我和汤姆则回到了庆祝会现场。但是,我们一离开房间,艾米莉就变得非常激动。保姆不知道该怎么做,决定硬撑下去。几小时后我们回来时,艾米莉的脸已经哭肿了,脸颊上满是鼻涕,眼睛红肿,声音沙哑。我们不在的整个时段里,她一直站在婴儿床内,尖叫不停。

保姆说:"她怎么都停不下来,我没办法。"

我知道这听起来很疯狂,也很迷信,但回想起来,确实在那晚过后,她就变了。在那晚之前,她能够理解别人对她说的话,知道抬手让别人给她换衣服,能够在别人唤她时过来。她甚至偶尔会说一两个字。我们曾见到她去玩扮演游戏,虽然她对玩具不太感兴趣,但那些她熟悉的玩具,她偶尔也拿着玩儿。

不管是什么原因,从那晚开始,艾米莉在语言方面的进步(她会说"我去玩",认识并念出快餐店招牌上的字母"B")完全消失了。我们正在退步。

3

我一直想知道,当她离我们越来越远,那个藏在她内心深处、从她出生到她十八个月大我都熟悉的孩子去哪儿了?她就在里面,那么活泼可爱,但她现在在哪里?在接下来的几年中,当她没有如我期望的那样有所进步,当她变得更加疏离、更加难以接近的时候,这种想法就会萦绕在我脑中。我无法忘记我熟悉的那个孩子。她的聪慧,她的活泼,她最初与我们的互动。我无法接受,也从来没有接受过,那个从我身体里孕育而出的人,那个我曾经看到脸上洋溢着无比灿烂笑容的人,现在已经不在了,她躲进了某个无法被穿透的壳里。

到了艾米莉的第二个生日,我为她组织了一个派对。我装饰了房子,订了一个特别的蛋糕。我们还请了一个穿戴着夸张假发和服装的小丑来跟孩子们玩耍,在场的大部分是家族朋友的小孩。他们都排着队等待着在脸上画图案,他们在院子里跑来跑去,互相做游戏。但艾米莉没有,她没有和其他孩子一起玩,她一个人在秋千上玩,似乎有自己的陪伴就已足够。

"去和其他小朋友玩吧!"我鼓励道。但她不愿意。

我们为她唱生日快乐歌,为她吹蜡烛,她几乎无法忍受。

派对继续进行着,她觉得自己已经受够了,然后离开了庆祝活动,穿过了家庭娱乐室,回到她的卧室里一个人待着,把我们都留在了后院。

我的内心无比失落。我看着她离开,心里焦急万分。我注意到她对当天的社交活动无动于衷,对生日礼物、其他小朋友或任何游戏都没有兴趣。

我们还留着一张那天的照片,汤姆抱着她,这个美丽的孩子穿着酒红色的花裙子,戴着钩编的领子。她的眼睛是空洞的,悲伤的。极度悲伤。直到今天,我和汤姆都忍不住看那张照片,仿佛她已经失去了自己的光芒。

几天后,我们带艾米莉去找她的儿科医生做年度体检。检查结束后,我们向这位和蔼可亲的老医生提出了我们的怀疑,并列举了我们记下来的一些迹象。

医生点了点头:"我的同事就在大厅对面,她是洛杉矶儿童医院的发育行为儿科专家。我给医院那边打个电话,也许她可以在今天之内为你们接诊。她每周只来这个附属诊室一次。"

那位专家马上可以为我们接诊。我们在一间检查室内见到了她,这间检查室很小,没有窗户,房间被漆成淡淡的蓝灰色,有两把父母可以坐的椅子和一张带椅子的儿童塑料桌。在这干净又苍白的环境中,唯一能让人安心的是一些常见的玩具,这些应该是医生检查时用来激发孩子的。

这位专家走进了房间,看上去有四十来岁。她没有和艾米莉交谈,也没有使用任何玩具,只是对她进行了简短的临床评估。我不明白她怎么能在没有任何与我们的女儿接触的情况下做出可靠的诊断。现在,二十五年过去了,在后知后觉中,我明白了这样的残疾是多么容易识别。

她把注意力完全转向了我们:"您最担心的是什么?"

"自闭症。"我大声说出了这个词,这个我们曾经在睡前悄声提到过的词,这个我们研究过、分析过并非常想去否定的词。这个词一次又一次地出现,不管我想出多少合理的解释;这个词给我们的生活蒙上了一层阴影。我痛恨这个可恶的词。而现在,我对这个领域的专家大声说出了这个词。我等待着她纠正一个新手妈妈的无知。

"嗯,您的担心是对的。"

我屏住呼吸。

医生解释说,在她看来,艾米莉属于"全身性发育迟缓"(Pervasive Developmental Disorder, PDD)。

她没有说是自闭症。我稍微松了一口气,看着汤姆,挑了挑眉毛,所有这些担忧都是没必要的。我握住了他的手,艾米莉没事了。

医生一定是看到了我脸上的欣慰,所以她很快摇了摇头,澄清了自己的意思,"这个诊断是针对学龄前儿童来说的。"

"我没听明白。"

"有时候,孩子们发育得很慢,但还没有表现出能够确诊自闭症的所有病征,所以最好的做法是继续观察。"

"您是说……?"汤姆问道。

"我非常确定,随着年龄的增长,她会被诊断为自闭症患者。不管是自闭症还是全身性发育迟缓,干预措施和治疗方法都是一样的。"

"您是说,她很有可能是自闭症,但现在称之为自闭症还为时过早?"我问道。短暂地出现过的希望让这次诊断结果变得更加致命。

"是的,"医生说,"您的孩子患有自闭症。"

医生坐在那里,不带任何感情地说出了这句话。她的话就像重锤一样落在我们身上。我多么希望接诊我们的医生对待病人的态度更好一些,能够理解我们在那一刻的痛苦,能够怀有一点同情心或善意来告知我们这个结果。我感到无助。我们的女儿也只是盯着我们,对正在发生的事情无动于衷。一般来说,小孩子都能感知他们周围的环境,当然也会注意到父母的苦恼,艾米莉就是这样。不过,在那一刻,艾米莉对一切都漠不关心。在这个房间里,我不想因为她变得歇斯底里,但恐惧在我心里蔓延。我开始哭泣。汤姆用胳膊搂住了我。

医生列举了我们接下来可以去接受干预治疗的地方,就像在念清单一样。她是如此冷酷无情。

这不可能。否认的声音不断在我脑海中微弱地响起。我想让这位医生知道,她错了。我想说,等着吧,我们会不惜一切代价。我们会找到顶级专家,尝试所有的治疗方法,然后她就会好起来。到她开始上学的时候,我们就能控制住她的自闭症。我们是聪明人,我们有办法。我们会聘请专家。我们会一直努力,直到我们把这个问题解决。不管付出什么,我们都会治好她，你等着吧!

离开办公室的时候，我有些崩溃了，阳光刺痛了我的双眼。在回家的五分钟车程里，我一直回头看座椅上的艾米莉，她的眼睛睁得大大的，把一切都看在眼里。我们美丽的孩子。我不知道我们即将踏上的路途是什么样的，不知道这个诊断结果的意义是什么，也不知道它会带来什么后果。不过，我还是做好了为她全力以赴的准备。

虽然那位专家给出了结论，我们还是无法心甘情愿地接受这个诊断结果。我们都接受过这样的教育：你总是需要听到不同的声音；在我们得到至少两位医学专家确切的、无法反驳的诊断结果之前，我还没有准备好承认这个现实，也不能完全接受它。

艾米莉出现了更多症状，汤姆也在继续进行着他的研究。艾米莉没有通过微笑和其他面部表情与人进行互动交流，没有开始学说话，也不会指着任何东西表示想要得到它们。汤姆试着让她玩玩具——即便只是让她触摸到一个玩具都是一种挑战。有一次，他用一辆红色的玩具卡车尝试过，那是祖母寄来的一套"火柴盒（MATCHBOX）"小卡车。汤姆向她展示了玩具车的工作原理，并告诉她如果你沿着地面拉动，车轮就会旋转。当他试着让艾米莉去触摸它时，她尖叫起来，猛地跑开了，就好像汤姆是一团熊熊大火，她很害怕。

尽管如此，我们还是抱着一个期望，那就是艾米莉只是一个"较晚开始说话的人"，就像我母亲说的那样。毕竟她是那么活泼，总是对人微笑，所以她一定是健康的。然而，艾米莉还是踮着她的脚尖走路。

"用整只脚走路，艾米莉，整只脚。"我们提醒着。

她照做了。

但是，不可避免地，踮脚走路的行为又出现了。

（艾米莉的话）

我有一个像黑洞一般的大脑，记录着嘴里我周围的一切。但我现在能够轻松打出文字，我与文字和语言也建立起了一种有趣的联系。当我屡次看到一幅画或听到一首歌，每次都会有许多不同的体验。有时，我可以看到信息清晰地呈现在眼前，这是我认知世界的方式。我觉得，跟大多数人比起来，我的感官能让我感知到更多的东西。同样，我也能体验到更强烈的情感，虽然我需要时间来平复这些情绪。

生活渐渐变得令人沮丧，尤其在自闭症的一些症状找上门之后。我知道我没能完全控制住自己，我很懊恼。当然，我知道自己是与众不同的。我无意中听到了爸妈的谈话，我可以听到这破房子里的一切。我记得爸妈那张茫然不知所措的脸，我清楚地知道自己带给他们的疏离感。从那时候开始，我心里就有了那么多不可名状的情绪。

被迫意识到自己与其他每个人都不一样，这很奇怪。当我知道自己做事的方式既没有效率也不太正常时，我时常会感到沮丧。不过现在，我不会去改变很多。

4

这段视频的主角是一个患有自闭症的女孩,差不多十二岁,她正在梳头发。她把梳子放在头的一侧,镜头前是一张面无表情的脸和一双空洞无神的眼。当她用梳子顺着脸颊往下梳头发的时候,她看上去精神极度紧张,一缕头发都没抓住。而她没有察觉。

录像机上播放的视频让我无比震惊。直到今天,我的脑海中仍然会浮现出那个小女孩的身影。对一个正在打扮自己的孩子来说,那段视频是一种嘲讽。

"你是在告诉我,我女儿就会变成这样吗?" 我对着屏幕发问,然后按下按钮关掉视频,把遥控器扔到咖啡桌上。我无法接受这种未来,也不会接受。

在与儿童医院的医生见面后的几天,玛丽安·西格曼这个名字频繁出现。西格曼博士是一位发展与临床心理学家,她与其他人共同创建了加州大学洛杉矶分校自闭症研究和治疗中心(Center for Autism Research and Treatment,CART)。她研究的重点是自闭症中生物因素和环境因素所导致的社交缺陷和交际障碍。她的办公室就在加州大学洛杉矶分校附近,这是件好事,不过说实话,我本来打算去廷巴克图。

西格曼医生很受欢迎，我们没办法立即预约，所以在那期间，我们阅读了所有我们能获取的资料，想要了解我们当下的处境如何，我们有哪些选择，怎么样才能最好地为艾米莉争取并开始行动。我们确信，有了我们及时的干预治疗，只要我们意志坚定，任何问题都难不倒我们，都会迎刃而解。等她到了上学的年龄，这一切都会过去。

我问汤姆能不能独自带艾米莉去见西格曼医生。艾米莉患有自闭症这件事让我很崩溃，所以我一直都很依赖汤姆。这个诊断结果犹如当头一棒，现在我特别害怕艾米莉会再次被确诊。我不想听。如果我拒绝听另一个医生说的话，我就可以不让它成为现实。我知道这种想法是自欺欺人，但我还是抓住了我能找到的任何一根摇摇欲坠的救命稻草。我不愿意为今后这样一个无法接受的现实改变生活的轨迹，我宁愿被工作淹没，虽然我的工作很有挑战性，但在我从事的行业里，一切都建立在规则和法律基础上，这些东西对我来说很有意义，而生活却越来越像一团乱麻。我想要控制那些可控的部分。

作为一个母亲，我身上的每一个细胞都在反对给艾米莉贴上自闭症标签的这种行为。甚至后来在她上小学、病症迹象已经很明显的时候，有家长问我艾米莉是不是有自闭症，我都会说她没有。我不希望她被区别对待。虽然我很快调整了自己，尝试着去接受那个诊断结果——说真的，我没有选择——长期以来，我都不愿意告诉别人艾米莉的情况。要知道，这是二十五年前的事了。从那时到现在，人们对自闭症的认知有了根本性的转变。就像现在我们需要努力摒除人们对自闭症患者的偏见，可想而知，在那个年代去看心理医生也是见不得人的。工人们想方设法不让雇主知晓他们的心理健康状况，其中有些甚至不惜支付现金看病，也不愿意享用医保福利，以免沾上患病的污点。坦白去面对这种问题无异于亲手葬送了自己的职业生涯。自闭症患者也是如此。没有人谈论这个病，也没有人知道未来是怎么样的。这个标签让人感到羞耻——不是让父母感到羞耻，而是一种对艾米莉的诋毁和侮辱。她的未来会被这个诊断拦腰斩断；人们会对她进行狭隘的评判，这些评判不会基于事实或观察，而是纯粹来自贴在她额头上的标签。我不希望她过这样的生活。

她能完成很多事情，虽然我没办法向别人证明这一点。另外，在我们弄清楚发生了什么事之前，在我们证实她没有能力去过一种不受自闭症困扰的生活之前，我拒绝让别人对我女儿进行归类来限制她的可能性。不管她有什么样的缺陷，我不希望她被广阔的世界拒之门外。不知为何，我知道她能够融入这个世界，她会成为这个世界的一分子。我全心全意地希望她会拥有那样的人生。

我骨子里就是一个意志力坚强的人，我一直都很固执。据我母亲说，在我刚学会走路的时候，面对摆在面前的每件事，我几乎都会说："我自己来。"我希望自己从一开始就是独立的、自立的。在照顾艾米莉的过程中，我很好地展现出了这种品质。

我坚强的意志力一部分是源于我的犹太家庭，我是家里的第二个孩子,而且是个女孩。我开玩笑说,我的父母把我扔在了学校,到了高中毕业的时候才把我接走,差不多就是这样。我完全被哥哥聪慧的光芒给掩盖了。他是家里唯一的男孩,也是长子;所有人都尊敬他、崇拜他。我经常听到我父亲在书房里跟他谈话,想要知道他在学校里的表现是否良好,也监督着他的青春生活。父亲从来没有与我这样说过话;父母对我不抱一丝希望。

"瓦莱丽的未来会怎么样?"有一次,母亲这样问父亲,她不知道我能听见。

"她会嫁得很好,也就这样了。"

父亲的这种看法激怒了我,也激励着我去向他们证明他们是错的。我会向他们展示我的能力。我不能说我在生活中遇到困难后展现出的意志力全是骨子里天生的,但他们对我的看法可能增强了我的决心和毅力。

汤姆与医生见了面回家后,一看到他我就心碎了。他几乎不能直视我的脸,肩膀也耷拉着。

他摇了摇头。"西格曼医生也同意,"他说,"艾米莉是自闭症患者。我拿到了一份名单,我们可以帮她联系这些人。有行为学家、语言治疗师。我只是……"他的声音断断续续,"这太难了。"

虽然汤姆对诊断结果感到震惊,但他对医生印象深刻,也信任她。"她跟我说了以后我们会面对的事情,没有一件是好的。"不过,汤姆还是与我不同,他没有也不会向恐惧或焦虑屈服,"这就是我们的处境。我们能马上做些什么来改变现状吗?"

在大约一周后的感恩节,我们把艾米莉的情况告诉了身边最亲近的人,包括汤姆的母亲、哥哥和姐姐。早些时候,在我告诉我的母亲后,她不愿意相信。没有一个家庭成员愿意为我们提供任何形式的帮助,也永远不会有。听到这个消息,他们当然都很难过,但也仅此而已。这场孤独的战斗刚刚开始。

更令人难过的是,家里的一些人居然指责我和汤姆,指责我们的"育儿方式"(不管这指的是什么)是让艾米莉身陷残疾的原因。我们感到心碎,也完全孤立无援。

西格曼博士曾告诉汤姆,有一位年轻女性在治疗自闭症儿童方面做了大量工作。她建议道:"看看你们有没有机会见到她。"

多琳·格兰皮什因"自闭症及相关疾病中心(Center for Autism and Related Disorders, CARD)"而为人熟知,她在20世纪90年代初创立了该组织,目的是为自闭症患者和相关疾病患者提供行为干预服务。她在加州大学洛杉矶分校接受过心理学家和行为分析师的培训,现在,她被公认为这一领域的领军人物。她是加州大学洛杉矶分校伊瓦·洛瓦斯教授的学生,洛瓦斯因对自闭症儿童的早期介入技术而闻名。

洛瓦斯开发了一种叫作"分次尝试训练(Discrete Trial Training, DTT)"的方法作为介入技术。它是一种结构化的教学程序,很像辅导,将任务分解成简单的子单元来培养技能。这种方法运用提示、示范和积极的强化措施来促进学习。

多琳曾担任洛瓦斯团队的高级临床主管,并参与治疗了他在1987年作为研究样本的那些家庭的孩子。这项研究记录了十九名儿童中的九名儿童,通过使用包括"分次尝试训练"在内的强化行为干预,他们获得了足够的学习能力和语言技能,可以被送到普通教室进行学习。这项研究极具突破性。

与多琳交谈后,我们得知她与洛瓦斯的方法不同,她没有在她的方案中加入厌恶疗法[1],而是开发了一个改版后的"分次尝试训练",并采用了应用行为分析(Applied Behavior Analysis,ABA)去改变和修正客户所要求的更多的干预行为。很快,我们就制定了一个计划:刚满两岁的艾米莉将在多琳的监督下,每周接受二十小时的一对一分次训练和其他治疗,这些治疗师会到家里来。此外,我们一家人每周还会与整个"团队"会面,包括多琳和行为学家们。

"艾米莉,这是特里西娅。她是妈妈的一个朋友。"我向艾米莉介绍了第一个上门的行为学家,她是一个芭蕾舞演员,为"自闭症及相关疾病中心"工作来养活自己。所有来家里为艾米莉治疗的女性都很年轻,大都在二十出头的样子。据我了解,她们都获得了本科学位,有些人正在攻读心理学的研究生学位。那个时候,我并不知道提供上门居家服务的人员必须接受过特殊培训,也必须有认证资质;我不知道除了多琳教给她们的东西之外,她们是否接受过任

---

[1] 厌恶疗法(aversion therapy):又称对抗性发射疗法,这是一种应用具有惩罚的厌恶刺激来矫正和消除某些适应不良行为的方法。

何正规的培训。

在楼上的空卧室里,我们为特里西娅和轮流上门的治疗师小组腾出了空间。她们把艾米莉带到那个房间,然后关上了门。当然,她们也欢迎我们去旁观治疗过程,但不希望我们让艾米莉分心。而且,在一旁观看治疗过程简直太折磨人了。

每周四天,每天五到六小时,特里西娅或一位行为学家会坐在艾米莉身边,要求她完成一些特定的任务:看着我。把玩具递给我。摸摸你的鼻子。一遍又一遍,同样的命令,不停要求她执行。这些看似有益的任务是"分次尝试训练"的一部分,特里西娅和她的同事们仔细地记录下了艾米莉的进步。

这些年轻女性的声音都比较低幼,充满了活力,也特别夸张。"非常棒!"她们一遍又一遍地高声表扬着,我都想捂住自己的耳朵。对艾米莉来说,这个过程一定非常可怕又十分紧张。至少对我来说,她们说话的语气和不切实际的赞美是一种侮辱,好像她们不知道我女儿真正的智力发育水平。

她们一次又一次地告诉我,他们需要不断给艾米莉提出要求,艾米莉才会照做。她们准备了迷你的巧克力豆或小块的饼干作为奖励。如果想让艾米莉完成某一个特定的动作,她们每周都会设定目标,这样才可以不再那么频繁地对她发出指令。事实上,食物的作用只是一种强化刺激,而不是真正的奖励,但对于一个两岁的孩子来说,她也不懂这两者之间有什么区别。

我恳求她们不要再这样给她奖励,尤其是以食物作为奖励。口头表扬是可以的,但她能做到她们所要求的事情,这本身就应该是一种奖励。但她们无视了我。

这些行为学家像一支军队一样入侵了我们的生活,我们不得不重新规划。日子开始处处受限,我们无休止地奔波于各种治疗之间,因为我们每日每夜都要照顾不能自理的艾米莉。我相信,如果我们百分之百地接受医生建议的这些治疗,到艾米莉上幼儿园的时候,自闭症这个难题就会解决。谁知这又是一种妄想。

专家告诉我们,要让艾米莉过上正常人的生活,这种行为干预是最好的办法。在某种程度上,这种方式就像电击疗法,强度很大,甚至可以说是暴力的。我们的生活发生了天翻地覆的变化,就像经历了一场地震,我们的认知,我们的社交,我们的日常生活都颠倒错乱了。尽管如此,我们必须让艾米莉回到我们身边,阻止她继续与这个世界脱离。我们必须尽快行动,在她完全消失之前把她救回来。

艾米莉讨厌治疗中的每一刻。她不愿意去做别人要求她做的事情。治疗师一到家门口,她就哭了起来。不一会儿,她的尖叫声就会充斥在整个家里面,我和汤姆都躲了起来,装作听不见她的哭声和号叫声。她反抗了,拒绝了,不想接受任何治疗。同时,治疗师们只是记录了一些数据:艾米莉按要求去做的比例是多少,有多少次要让她摸鼻子她会真的去摸。依此类推,让人厌恶。

"如果艾米莉一直尖叫,她怎么可能好转?"有一次母亲来探望我时问道。

我们拒绝承认这个事实,因为我们的另一个选择是什么都不做,而这根本不可能。

"他们让我们必须这么做,"我们回答说。

"专家说的。"这是我们唯一的答案。

我们蜷缩在一起,像遇到了危险一样,我们愿意做任何事,甚至让艾米莉接受一些明显让她很痛苦的治疗,希望这样就能让她回到我们身边。

每周,我们都会在恩西诺与多琳会面,一起讨论治疗的进展。收集艾米莉的相关数据真是一种折磨。在我眼里,行为学家对她开展临床治疗的时候,艾米莉不是一个可爱的孩子,不是我们的宝贝女儿,而是一匹有待驯服的马。

经过几个月的治疗,艾米莉可以遵循简单的命令。虽然她还是会经常尖叫,但行为已经开始改变。在倾听我们说话时,她的注意力会更集中,偶尔还会和我们进行眼神交流,甚至能听懂我们说的一些话。而且踮着脚尖走路的行为也不知不觉地消失了。

慢慢地,艾米莉能够去完成某些任务了。这样的进步值得称赞,我祈祷着她有一天能够过上更加正常的生活。我们是有希望的。

为了配合艾米莉接受治疗,我们改变了生活的一切轨迹。当她在家里接受治疗时,我们中的一个人必须在场,所以汤姆把他的律师事务所从比佛利山搬到了家里,这样就可以尽可能多地与艾米莉在一起。我把我的公司从世纪城搬到附近的塔扎纳,这样我们就可以轮流陪着她。如果我某天要出庭,汤姆就留在家陪艾米莉。如果轮到他出庭,我就待在家里。同时,行为治疗的费用也是惊人的。为了支付治疗费,我们决定卖掉我多年前单身时买来用作投资的房产。

"我买这房子是为了保值,以备不时之需,"我告诉汤姆,"现在正是需要用钱的时候。如果我们不解决这个问题,她就没有未来了。"

(艾米莉的话)

最让我难过的是,我知道我的行为需要改变,他们也对我抱有期望。他们要我坐下的时候这样坐,要安静点,跟人对话的时候能够进行眼神交流。在这么小的年纪,我根本无法控制自己。我一直不想让别人失望,而且我真的很努力。

我有时会想,为什么行为治疗没有更多细致的分类可以让不同的患者受用,为什么它不能理解,像我这样的人根本无法完成别人给我的指令。

我也不想这么说,但他们要求的许多事情我都做不到——不是因为我没有理解或者不想学习。我接收了很多信息,但我的身体好像无法理解这些信息,也无法处理这些信息,无法完成相应的动作。

那时候我经常尖叫,我会大喊大叫。尖叫,是我非常努力去控制的行为,直到今天我才能稍微控制自己。以前,我没有任何办法，一旦沮丧和困惑堆积在一起，我就会不堪重负，就会尖叫，并且一发不可收拾。

而且，每次行为学家来到我家，我都会厌烦。我无法脱身。有人在场的时候，我就会感到沮丧，觉得自己的空间被侵犯了，这些感受挥之不去。

对我来说，自闭症让我更好地理解了"动机"这个词，特别是想到某种形式的奖励或补偿是行为矫正中常用的方法时。当我举起左手时，奖励我的那一小块糖果可能会让我对外在动机产生强烈的兴趣。总而言之：行为矫正对我来说并不是一个特别有效的方式。

现在我是一名学生，一名与众不同的学生，我对这方面有了更多的了解。如果不是他们执意要教给我的一些东西，今天的我就不可能坐在大学的教室里。但我相信，这归根结底是因为我小时候缺乏内在动机。那时，我无法理解一切，行为也不正常。

5

我们到达魔法年华幼儿园的时候,几个孩子和他们的父母已经在操场上玩耍了,这是我们社区最受欢迎的一所幼儿园。那天是艾米莉的幼儿园入学面试,她当时三岁。我想让她上一个普通的幼儿园,就像其他孩子一样,我希望她过上尽可能正常的生活。

在我们居住的恩西诺社区,每个人对这所幼儿园的评价都很高。我甚至听说有的邻居在宝宝还未出生的时候就给他们报名了。这里就是这样一个地方,竞争非常激烈。

我的一个朋友告诉我:"你最好尽快把她登记在入园名单里,因为要把她送进去真的很难。"

当我们到学校参加集体面试时,校长跟我们打了招呼。我没有告诉她艾米莉的诊断结果,直到现在也没有。我想让她看到真实的艾米莉,而不是她被贴在身上的标签。我真的很紧张。

我仔细地观察着这个女人如何评估小组里的每个孩子,她默默地在心里做着记录,决定谁能够获得进入这个特权世界的黄金入场券,谁又将被拒之门外。所有的父母都很焦虑,他们希望自己的孩子能给这位女士留下深刻印象。

家长们在一旁焦躁不安,孩子们正用铲子和水桶在沙盘上挖洞,一些小朋友在泼水,一些在推着玩具船。还有一些小朋友在用那里的玩具玩过家家,又或是为自己打扮一番。谢天谢地,那里还有一架秋千,艾米莉总是喜欢荡秋千[1]。

如果艾米莉荡秋千的本领能让她入学,她就能回家了。

"我需要看到她与其他孩子互动,"那个女人说,"我想看看她在想象力游戏[2]里的表现。"

"艾米莉,亲爱的,你去和其他小朋友一起玩怎么样?"

艾米莉很不情愿地离开了秋千,但她也没有加入其他小朋友,她站在那里,不知道该怎么做。孩子们在她身边跑来跑去,假扮成野生动物和太空人,他们相互泼水,快乐地尖叫。每个人都可以观看游乐场里的活动,看看孩子们是如何交往、互动的。如果其中有一个孩子没有参与其中,他就会特别显眼。而艾米莉就是那个孩子。

幼儿园的校长拒绝让艾米莉入学。不过,在她拒绝艾米莉的同时,我对我女儿有了更深入的了解。

---

1 我们一直都认为接收这个世界的信息依赖于我们的五种感官:视觉、听觉、触觉、味觉和嗅觉。但实际上我们还有两个额外的感官:前庭系统(集中于内耳,让我们知道我们头部的位置以及我们如何在空间中移动)和本体感受的系统(告诉我们身体在哪个位置:我们面朝的方向、我们与其他物体的距离等)。由于许多患有神经功能障碍的人前庭和本体感觉系统发育不全,自闭症患者也是如此,摇摆和摇晃是他们倾向去做的动作。这些行为让他们平静下来,因为能够刺激这些系统,并可以提供信息,帮助他们将这些信息与他们的其他五种感官整合在一起。
2 想象力游戏是指,游戏者借助想象的能力而进行的游戏。一般在儿童当下的生活中自然而然地发生,儿童借助这样的游戏超越了现实的限制、满足自我的需要。

"艾米莉不知道人们想让她做什么。"那位女士告诉我。

这些年来，我渐渐意识到这句话里其实蕴含着深意。即便到了现在，这种观点也框定了艾米莉的一切。她不会去做人们想要她做的事情，她行走在标准之外。这也是患有自闭症的她不能被忽视的另一面。她的行为与众不同。然而，这其中会有很多意外收获。有时她会有不同的举动，虽然不是我们所期望的，但往往值得庆祝。

她需要一张路线图，告诉她："艾米莉，到这里来。让我教你怎么做。"一旦她知道该做什么，她就能做得很好，所以我觉得这种方法能更好地评估她的学前能力。

在去过"魔法年华"之后，汤姆和我开始寻找其他幼儿园。所有学校的面试流程都很相似，而且对艾米莉来说绝对是一种羞辱。

"您愿意接收我们可爱的女儿吗？我们可以支付学校高额的学费。我们会雇一个全职助手来帮她。我们会捐钱。我们会照您说的做。"

结果无一例外地令人失望。

"我们学校不适合您的女儿。"

"我们的设施不能满足您女儿的需求。"

"我们相信她在其他学校会得到更好的服务。"

以设施不完善作为借口总是让我异常愤怒。你不需要多么精良的设备，只要接纳她就行。没有一家幼儿园愿意。直到我们在塔扎纳找到了一所由两位女士开办的蒙台梭利幼儿园，这所学校不如之前那些学校有名。但这所幼儿园的学生家长更愿意与他人合作而不是相互竞争。这是一个很好的选择。在一对一的助手艾莉森·阿普比的帮助下,这次尝试成功了。阿普比曾经就读于加州大学洛杉矶分校,后来她成为一位教育治疗师,非常受人尊敬。有了她的支持,艾米莉能够辨认方向,也能参与到幼儿园的活动中,而且没有被同龄小朋友孤立。

我的一位大学同学凯西·安德森在毕晓普当英语老师,她远道而来看望我们。我们三个人一起去了恩西诺的吉尼斯塔公园。凯西独自带着艾米莉,我观察着她们俩之间的互动。似乎有些不同。凯西对艾米莉说话时,就好像把她看作一个平等的个体。艾米莉全神贯注地听着凯西说的每一句话。她与凯西互动着,我从未见过她这样。突然,我的脑中灵光一现。我们需要让她保持这样的专注度,让她去跟充满智慧的人交流,去接受考验,让她能够与他们平等地互动。从那天起,我们只雇用那些受过良好教育的护工,因为他们能为艾米莉做出良好的行为示范。

艾米莉快上幼儿园的时候,我参观了无数学校,考察了各种机会。我仍然不知道该选择哪条路。如果可能的话,我希望她能在普通的教室里上课。同时,多琳的行为治疗团队对她进行的长时间治疗让我看不到希望。艾米莉的进步缓慢得就像不会融化的冰川,现在已经停滞不前了。是的,她是有一点儿进步——她可以看着我们并指着绿色;大多数情况下,她都能控制住不去踮着脚尖走路。不过,无论这些数据给出的结论是什么,对我来说,行为治疗显然不再具有预期的效果。在我看来,她在语言表达方面没有任何进步,她的社交生活仍然面临很大的挑战。

我四处寻找其他方法。我也带着艾米莉尝试了一下语言治疗,结果治疗师反而说中了我的状况——"瓦莱丽,你需要学会更好地照顾自己"——而不是帮助艾米莉与他人交流。是的,我的状态一团糟。我耗费了许多精力与行为治疗师合作、为艾米莉找合适的幼儿园、想办法平息她的怒火、四处为她寻求正规的入学机会,再加上我全职的律师工作,我已经精疲力竭了。

为了找到合适的学校,我跑遍了整个洛杉矶。我听说帕萨迪纳市有一所学校,离我们家大约三十英里远,大家对它评价很高。虽然距离很远,但如果对艾米莉有所帮助,我也会全力以赴。在去学校参观的那天,我很惊讶地发现许多来自恩西诺地区的家长也来了。每个人都在寻找最合适的学校!

艾丽西娅·艾略特是一名言语病理学家,五十多岁,留着一头乌黑的短发,她是如此慈眉善目,所以当我第一次在埃斯佩兰萨别墅见到她时,我就被打动了。她说话时轻声细语,却非常热情。多年以来,在感受了那些行为学家的冷漠之后,这份善良的心意和体贴的关心让我想要靠近。从艾丽西娅开始谈论她为自闭症儿童治疗的那一刻起,我就被深深吸引。她不仅充满热情、满怀真诚,而且面对不同类型的孩子,她都有办法。从她描述客户的言语中,我感受到了她的用心。我也受到了她的启发。

虽然她工作的那所学校还不错，但我很快发现这对艾米莉来说不是一个很好的选择，特别是考虑到我们要奔波的路程。不过，艾丽西娅的风度和专业知识让我印象深刻。我拿了她的名片，塞进了我的钱包，想着总有一天我会用到。

同时，艾米莉在蒙特梭利幼儿园的学习也即将结束。在毕业典礼的前几天，负责园所的两位女士把我和汤姆拉到一边："我们觉得，你们带艾米莉来参加毕业典礼不太好。她会发出噪声，还会尖叫，你们也知道，这可能会毁了其他小朋友的毕业典礼。"

"但是——"我们反对道。

"请不要带她来。"

我非常愤怒。艾米莉终于能在一所幼儿园里上学了，也觉得自己受到了欢迎。她像其他孩子一样努力学习想要毕业。她是班级里的一员，有资格站在阳光下参加毕业典礼。我不在乎别人怎么想，我一定会带艾米莉去参加毕业典礼。我不会让她与其他人发生矛盾，不会让她的尖叫或其他行为毁了这一天，但我希望她在场。

这一刻，我也几乎下定决心，我不会再粉饰现实。面对那些不支持我为女儿争取权益的人，我不会再退缩，也不会再低头。我会尽我所能诚心诚意地与她们来往，但我对那些拒绝和反对的声音感到厌恶。我准备好了，我要积极去争取别人不愿为她提供的教育机会。如果树敌是必经之路，那就顺其自然吧！艾米莉的人生也要有意义。

在幼儿园举办毕业典礼的那天，大家都聚集在一个露天的场地，地上有干草堆、木屑，这里被栅栏围了起来。所有家长手里的摄像机都嗡嗡地拍摄着；孩子们都打扮得漂漂亮亮。学校位于泰山纳的一个马场区。其中的一家人提供了一匹小马，很多小朋友轮流着去骑小马，他们兴奋地尖叫着。

我和汤姆带着艾米莉去了，我们一直站在人群的后面。艾米莉的二十多名同学和他们的父母、兄弟姐妹和祖父母齐聚现场，一起庆贺。仪式开始了，孩子们戴着纸制学位帽，假装接收了一张小小的毕业证书。我担心艾米莉会开始尖叫，扰乱现场，担心她会引来不必要的关注。但我们就在这里，在他们特别叮嘱了我们不要到场的地方，这是我的一种反抗。坦白地说，我还是有点羞愧，因为我没有更积极地为艾米莉争取，我只是在以这种微不足道的方式表达抗议。不过，我还是不想搬起石头砸自己的脚。这是唯一一个接受她入学的幼儿园，一直以来她们都很友善。

这一天的活动陆续开展，艾米莉没有造成任何破坏。她的名字没有被念到，她也没有得到一张毕业证。但她到场了，我们也为我们的女儿幼儿园毕业表示了祝贺。

就在那天，一个想法在我脑中诞生了。

几周后，我在凌晨3点醒来，无法入睡。我经常会这样。

我处于一种长期焦虑的状态。每天早上醒来，我都不知道面对的是"哪个"艾米莉。有些日子里，跟艾米莉在一起是快乐的，她充满好奇心，做事情很投入，性格也很开朗。其他日子里，她会因为烦躁开始尖叫、哭泣，从早到晚，她会一直用手指抓挠我们，而我们无法预测她的脾气，也不能完全缓解她的情绪。我们逐渐适应了这种压力。每当艾米莉不高兴时,汤姆和我就会进入自我关机模式。为了熬过这几小时,我们只做必须做的事情,直到夜里我们可以上床休息。不过,她高兴的时候,我们也相处得很融洽。你可以通过艾米莉的情绪来判断我们的心情,不管是我们这两个人还是我们这一对夫妻。

这天晚上,我焦躁不安地醒来,思考着如何解决我们面临的许多问题。我担心我们没有让她接受专业的治疗、接触专业的医生。也许还有一些干预方式我还没有探索过。我担心自己的注意力不集中,会影响到我的律师工作。我在脑子里一遍又一遍地思考这些问题。

我为艾米莉所做的一切努力已经让我走遍了洛杉矶,从参加研讨会,去学校咨询,到参加各类讲座和演讲。在这个特殊的夜晚,当我在心里评估各种可能的选择时,我想起了我在埃斯佩兰萨学校遇到的语言治疗师艾丽西娅·艾略特。突然间,她就像黑暗隧道中的一盏明灯出现在我脑中。我跳下床,找到我的钱包,翻找着几个月前我塞进去的名片。我把这张名片拿在手里,坚信这就是我们需要做的事。我们要以私人的名义雇请艾丽西娅·艾略特,而不通过埃斯佩兰萨学校。这样应该就行。我叫醒了汤姆,告诉他我的想法。

"接着睡吧,瓦莱丽,这个我们后面再商量。"

第二天早上,我感受到了那种久违的积极心态。我终于有了答案。

然而,当我向汤姆提出这个想法时,他却没有明确表态。

我们沟通的结果经常无法达成一致。我一直在寻找一些新的治疗办法,看看会不会有效,但他总是很谨慎,想坚守那些经过验证的正确方法。我们常常疲惫不堪,也因此频繁争吵。不过这么多年来,我还是第一次确信我找到了正确的方法。那个时候,汤姆还没有见过艾丽西娅,我非常确定,如果他见到艾丽西娅,哪怕只有一面,他都会觉得她能行,他会站在我的角度去看问题。

我一直在和艾丽西娅联系,她向我保证她有足够的时间对艾米莉进行治疗。

与多琳再次见面时,我提出了我的担忧。"我告诉过你,"多琳说,"我们会让我团队里的治疗师来加强语言方面的治疗。我们可以做到这些,没有必要再找别人了。"

"我觉得目前的方案没有效果。"

"那是因为她需要更多的时间。到目前为止我们一直在对她进行治疗,已经有……"她翻看了她的记录。

"每周二十五小时了。像你说的,她的情况并没有好转。很明显,我们安排的治疗时间是不够的,我们需要延长治疗时间。"

"延长?"我愣了一下。艾米莉讨厌行为疗法中的每一分每一秒,我不想再让她受到更多伤害了。

"她每周需要接受七十小时的治疗。"多琳说。

"太疯狂了。她是个孩子,她还需要生活。"就连汤姆也吃了一惊。他看上去很心痛。

"她需要这种强度的治疗,"多琳继续说,"一个更好的方案是,有人每天二十四小时每周七天都跟她在一起,跟她说话,正确引导她。"

"她需要的不仅仅是行为矫正。"我争辩道。

"她需要学会沟通。"

"除了我们,还有谁能在这方面全方位地帮助到她?"

"艾丽西娅·艾略特。"

"不,她做不到,她给不了艾米莉需要的治疗和陪伴。"

"我和她谈过了,她可以。"

多琳显然不高兴了:"我们做的就是艾米莉真正需要的。现在你在这里说这些,是想要换掉这些疗法吗?在她醒着的每一刻,她都需要有人跟她说话,引导她的行为。"

我像是在被责骂,但我内心很坚决。那次会面结束了,问题依旧悬而未决,我非常不甘心。

那天晚上晚些时候,我继续和汤姆争论:"我们必须把她送到艾丽西娅·艾略特那里去,这是最好的选择。"

"为什么是现在?我们已经做了一切努力,投入了我们所有的时间和精力。"

他也很沮丧,但也仍在听从多琳的摆布,就好像他已经选择相信了多琳,而不相信我。我怒火中烧。

"因为这些对她没有帮助。你有看到她有任何跟我们说话的意愿吗?你有看到她一直在进步吗?我没有。"

"可能她就是做不到。"

"我们怎么知道呢?我们还没有尝试过这种方法。"

"目前为止,我们都做得很好。我们没必要去纠正那些有效的方法。我们正在进步。我和你一样失望，不过，现在改变方案没有意义。"

"多琳说她每周需要接受七十小时的治疗。你听到她说的了吗？简直疯了。"

汤姆也同意："行为矫正确实已经超负荷了。"

"但是……我还是不确定。"

"嗯，但我非常确定。"我已经忍无可忍了。我打心底里认为艾丽西娅就是我们最正确的选择。我已经准备好把一切都押在她身上，甚至我的婚姻。

"艾丽西娅·艾略特可以给艾米莉她需要的东西。"我说。

"现在这个时机很完美，因为现在是夏天，她的许多老客户已经离开了。她可以腾出空间，为艾米莉腾出空间。"

"行为疗法是西格曼医生建议的，"汤姆反驳道，"我们为什么不能坚持到最后？"

"已经三年了！"我对他喊道，"况且，艾丽西娅和其他自闭症儿童相处得都很好，她可以让这些孩子开始与人交流。"

我把自己搞得焦头烂额。整日惶恐不安，忧心忡忡。在那些日子里，我一直在哭泣。

我知道，我并没有完全丧失理智，但我也不是世界上最理智的那个人。当我决定要做一件事的时候，我可以非常任性，没有回头的余地。作为一名律师，我的职业技能让我获得事业上的成功，但不意味着我是个容易相处的人。

"你想说什么就说吧,汤姆,我就要这样做。"

实际上,我已经被艾丽西娅吸引了,我觉得她的办法都会奏效。在那一刻,我只希望汤姆说一句:太好了,就这么办!我正在诱导他,想引起他的关注,想方设法地从他那里得到不一样的回答。

我没有对他失望,而是对现实感到沮丧。

但我需要看到他是站在我这边的。

现在回过头来看,我知道那个时候对他并不公平。尽管如此,我还是要求他全心全意地支持我,仅此而已。在他犹豫不决的时候,我给他下了最后通牒。

"要么我们改变方案,要么我就带着艾米莉离开你。"

(艾米莉的话)

每晚睡觉前,爸爸妈妈都会为我读故事书,其他时候也会,比如当我们在医生那里等待就诊的时候,或者在一天中某个安静的时刻。妈妈或爸爸会把我拉到身旁,用手指着每一个单词,一字一句读得非常清楚。妈妈朗读的声音很清晰,她也总会挑选适合我这个年龄段的故事。她不会一遍又一遍地读同一本书。有时我会着急地让她停下来,她会告诉我睡前故事有多重要。

听人朗读首先可以算作一种美妙的安慰,其次这种方式也是一种工具,不仅提高了我的写作能力,而且很好地帮助了我倾听并接收信息。这些故事为我提供了无数的素材，让我能集中精力。每当我再次听到这些故事，我就更加了解故事当中的意义，每一次重读都会有不同的收获，这些故事值得被重温。

我还能回忆起书柜里，每一本书都有标记，不同的书有不同的味道。我喜欢有些书只是因为它们的气味。

有一本蓝色的书，上面有星星和夜空，我一遍又一遍地让爸妈读给我听。我会去拿书，然后递给妈妈。我喜欢那本书。随着年龄的增长，我想要听我没有听过的故事，关于不同地方或不同种族的小朋友们的成长故事，或者是他们经历过的挣扎。还有诗歌。我觉得我在很小的时候就已经爱上诗歌了。

我一直都对语言很感兴趣，我觉得语言通常比故事本身更有趣。有时候，虽然我已经听过某个故事，但我还是会集中注意力去听，因为我喜欢描述故事的语言。我用这种方式学着去理解单词。有时候，比起故事本身，我对押韵或用词更感兴趣。

我还发现了一些特殊的词，比如"壮观"，这个词一直萦绕在我耳边。一些单词的发音不应该押韵，但标准发音却是押韵的，我喜欢这些奇妙的词汇。

这些年来，我一直在脑海中重新编排着词汇。即使我没办法说出来，我的脑海中也会回响这些话语。

6

两岁的艾米莉被确诊后,我立即开始了对自闭症的研究,我想要弄清楚我们面临的是什么。那时我坚信,只要全力付出,我们就能在艾米莉上幼儿园的时候让她回到正轨。我们愿意付出所有的时间、投入所有的积蓄去改变这个疾病的发展进程,然后将它消灭于无形。现在我才明白那是异想天开。二十五年来,我一直在了解自闭症的相关知识,与艾米莉的朝夕相处让我对自闭症的思考和认识也在不断变化。

起初,我们被告知自闭症是一种中枢神经系统疾病,也就是说,艾米莉的身体各个方面基本上都受到了影响。美国国家心理健康研究所指出,自闭症谱系障碍(Autism Spectrum Disorder, ASD)是"一种影响交流和行为的发育障碍"。尽管自闭症可以在各个年龄段被诊断出来,但症状通常在一至二岁的时候就已显现,所以自闭症被认为是一种"发育障碍"。在艾米莉被确诊的那个年代,自闭症被定性为一种谱系障碍,这是因为这个谱系囊括了相关症状,从严重的行为障碍到轻微的行为缺陷。

为了对艾米莉做出科学的诊断,医生们只是在一旁观察她。虽然诊断依据的是《精神健康障碍诊断与统计手册》

中列出的标准，但那时，在我们咨询的医生里面没有一位提及这本手册。这本手册目前已经出到了第五版，这一版保留了以交流和行为缺陷为基准的确诊项划分，但采用了一种不同于1994年版本的方式去解析确诊基本项。

我不记得艾米莉接受了任何一种用于评估的标准化测试，就算带她去约翰·门克斯医生那里问诊的时候也没有，门克斯医生以其权威著作《儿童神经病学》而闻名。虽然观察仍然是诊断的主要依据，但现在标准化测试已经被纳入常规诊断方法。

从很多方面来说，当初了解这种疾病的我们，就像身处在黑暗时代[1]（在我看来，面对这种疾病，我们仍旧处于黑暗时代，但那是另一回事了）。自从她被确诊后，很多事情都发生了变化。即便我读了那么多书，了解了那么多东西，我还是清楚地知道，我们最初了解到的信息是正确的。以这几年的经历来看，自闭症归根结底是中枢神经系统的问题，而对这种疾病进行诊断和判定病情的最佳方式是记录下运动功能方面的障碍，如语言功能障碍、社交障碍和眼神交流的障碍。

美国疾病控制和预防中心（The Centers for Disease Control and Prevention, CDC）的报告显示，患有自闭症谱系障碍的患者通常在社交、情感和沟通能力方面都有问题。他

1　黑暗时代（Dark Age），是欧洲的一段时期，约公元前12世纪到公元前9世纪。

们可能会重复某些行为，不想改变他们的日常活动。许多患者也有不同的学习方式、集中注意力的方式或反应方式。

自闭症谱系障碍的症状会在儿童发育早期出现，通常会伴随一个人的一生。患有自闭症谱系障碍的儿童或成人可能会有以下症状：

- 不会指向物体表现出兴趣（例如，不会指着飞过的飞机）
- 当别人指向物体时，会看向这些物体
- 与他人交往有困难，或对他人完全没有兴趣
- 避免目光接触，希望独处
- 难以理解他人的感受或无法谈论自己的感受
- 不喜欢被人抱着或拥抱，或者只在他们想要拥抱的时候才会拥抱
- 当人们与他们交谈时，他们似乎不会有反应，但对其他声音有反应
- 对他人非常感兴趣，但不知道如何与他人交谈、玩耍或交往
- 重复说一些单词或短语，或重复单词或短语来代替正常的语言来表达
- 很难用特定的语言或动作来表达他们的需求
- 不玩"过家家"一类的游戏（例如，不会假装"喂"洋娃娃）
- 一遍又一遍地重复动作
- 当日常发生改变时，难以适应
- 对事物的气味、味道、外观、触感或声音有异常反应

- 丧失曾经拥有的技能（例如，不再说曾经使用的词汇）

正如我之前提到的，我们在艾米莉身上观察到的自闭症状包括无法完整表达、不会咿呀学语以及她社交技能的丧失和/或退ători。她早期的语言方面的进步很快就消失了，例如试着念出汉堡王招牌上的"堡"，或者对汤姆说："我去玩。"

她像许多自闭症儿童一样，也会做重复的动作，比如拍手、摇晃、旋转，或者不断发出奇怪的声音。这些行为通常被称为"自我刺激行为"或"刺激"。有专家指出，刺激可以满足个人的感官需求。

日常生活和环境中的改变，哪怕很微小，艾米莉也会表现出很大的抵触，这也是行为矫正的治疗方向。比如，我开车去塔吉特，她会更喜欢走某条路线，如果我走另一条路，她就会感到不安。她拒绝玩玩具，需要有人哄她，她才会拿起来。有时，她会因为听到突然的咳嗽声或打喷嚏等声响而尖叫，如果闻到漂白剂之类的浓烈气味，她也会呕吐。我了解到并不是每一种症状都会出现在每一个自闭症儿童身上，而许多没有患上自闭症的儿童也会有其中的一些症状。

后来，我有机会见到了黛博拉·布蕾德并向她寻求帮助，她是一位神经心理学家，专门研究认知发展论和皮质下成分对神经发育和精神疾病的影响，其中包括自闭症。前不久，应艾米莉的要求，我们带她去见了这位专家，希望她能解答艾米莉有关自闭症的疑问。她给了我们一个自闭症的定义，这个定义与我们最初的理解有些不同，却很符合实际情况。她说，自闭症是一种运动障碍或动作障碍，会影响动作的定时性和准确性，包括那些交流性的动作。布蕾德医生说："只要能做动作就能解决所有问题。""我们做的每一件事情或多或少都与动作有关。"

进一步说，布蕾德医生并不认为自闭症本身是一种疾病。她承认，在医学上，自闭症通常与癫痫或多动症[1]等疾病齐名；有大量临床数据可以证明这一点，这样归类也是合理的，因为自闭症是一种行为受限的病症，它会影响人体的每一个部分。但是她认为，许多看上去像发病时的症状实际上是神经系统功能障碍的结果，包括难以实现的交流。如果人们承认自闭症不是一种疾病，那么它就不是一种需要治愈的疾病，而是一种生存状态，在我们所生活的世界中，自闭症患者需要不同程度的支持。例如，打字训练能够很好地帮助自闭症患者进行交流。虽然有些患者能够用语言来沟通，但他们可能需要接受语言治疗进行更顺畅的交流。对他们来说，其他方面的支持也大有益处，包括帮助他们习得日常生活技能，如自我梳洗、居家护理、乘坐公共交通，以及在我们不断变化的生活环境中找到正确的行进方向。

我赞同布蕾德医生的观点——自闭症根本不是一种疾病。在我看来，这是某些神经系统紊乱而引起的一种异常，

---

[1] 自闭症是一种全身心都会受到影响的疾病。美国国家生物技术中心（NCBI）的数据表明："患有自闭症的成年人中患有主要精神疾病的比例明显更高，包括抑郁症、焦虑症、双相情感障碍、强迫症、精神分裂症。在自闭症患者身上，几乎每一种疾病都更频发，包括免疫系统疾病、胃肠道疾病、睡眠障碍、癫痫发作、肥胖、血脂异常、高血压和糖尿病。比较罕见的疾病在自闭症成人患者中也更常见，如中风和帕金森。"

一种大脑突触无法充分连接的功能障碍,从而导致患者走路时步态怪异、手臂也不会摆动。从根本上说,这是运动技能受影响的神经运动障碍,而绝对不是一种心理障碍。

与自闭症谱系障碍有关的现象中,最令人困惑的现象之一是孩子们明显会退步,比如艾米莉丧失了刚刚获得的语言能力,又比如她再也不愿意投入到之前玩过的、需要丰富想象力的模仿游戏当中。并非所有专家都认同这种"退化说"。许多专家指出,大约有三分之一的自闭症幼儿在学前阶段会丧失一些技能,通常是语言技能,但有时也包括非语言交流、社交技能或游戏技能。没有人真正了解这种所谓的"退化"的性质,也不知道它是如何恶化的。

最初,汤姆和我见证了艾米莉在学前阶段的退步,现实是这样的:当我们回顾艾米莉早期的照片和视频时,早在她被正式确诊之前,她就很明显地表现出了许多病症。我们只是没有注意到。也许她根本就没有退步,只是我们无法理解她的这些症状。事实上,在艾米莉被确诊后不久,一位发育儿科医生就告诉我,专家们正在更仔细地观察婴儿床里婴儿的动作,认为他们可以在刚出生的婴儿身上发现自闭症的早期症状。这位医生说:这就是一种主动去甄别症状的方法。也许我们根本不了解这些婴幼儿表现出的"退化"。

不管怎样,正如我们所见,艾米莉表现出了所有的典型的自闭症迹象,而这些迹象在1993年就已被确认了。她踮着脚尖走路,不会进行眼神交流。作为一个幼儿,她发出咕噜咕噜的动物叫声,但这些声音随着时间的推移而改变。

现在，这些早期的声音已经消失了，虽然她还是不怎么说话，但她几乎一直在发出声音，好像她一直在自言自语。她的声音是一种单调的节奏，有点像背景旋律。她已经学会了在必要的时候保持安静，比如说在教室里，但她在没有压力的情况下才会持续地发出声音。

艾米莉在焦虑、不知所措、兴奋、高兴时仍会有自我刺激的行为。从我所了解到的情况来看，自闭症患者的刺激行为与我们许多正常人的一些行为并没有太大的不同，并且目的都是一样的。咬指甲、敲打铅笔、捻头发：这些都是帮助他们平静下来或让他们集中注意力的行为，都是一种刺激。然而，真正把自闭症患者的刺激行为与正常人区分开来的，只是社会对这类特殊人群的接受程度。

毫无疑问，有些刺激行为是非常极端的，足以让旁人感到不安甚至害怕。崩溃——是指一个人的感官输入像洪水般淹没了整个人体系统，这时患者的身体会不堪重负，随即表现出了这种行为，其在强度和持续时间上都是惊人的。黛博拉·布蕾德对暴怒和崩溃做了区分，前者是指通过行为来控制他人，而后者是指一个人在生理上被环境中的某些事件所击倒。一个人可能能够控制不发脾气，但崩溃是另一回事，往往超过了这个人的控制范围。

1993年，当艾米莉被确诊时，我们把所有的治疗资源都集中在了应用行为分析上面，这就有了后来我们与多琳和她的行为学家团队的合作。应用行为分析是当时研究最多的、比较常见的干预手段，是治疗的黄金标准。与那时候的许多家庭一样,我们被告知摆脱自闭症的唯一方法是接受非常密集的行为治疗,每周长达四十小时。

从那以后,我遇到并交流过的很多家庭都认为行为治疗为他们的孩子带来了负面的体验。当然不是所有家庭都这样认为。事实上,许多接受行为治疗为主要治疗方法的孤独症患者从个人的角度分享了他们的经历,表示他们也有类似的感受。艾米莉曾写下了她自己在行为治疗中感受到的挫败感,她指出做一些普通的动作对她没有什么帮助,比如按照指令摸鼻子。不过,就像世间所有事情一样,每个人对每件事都有自己不同的感受。

对于行为治疗的最终疗效,我也有自己的看法。我认为,在治疗中艾米莉总是在回应别人的要求——摸一下你的鼻子、摸一下你的头、到这儿来、把玩具放在那里——艾米莉学会了这些动作,就总是处于一种反应模式。她从未被引导要积极主动。结果,她逐渐害怕主动去做动作,这种性格特征一直伴随着她。直到今天,她饿了也不会要零食吃。她很少通过语言来表达自己,也很少主动行动。她很少向任何人提出任何要求。我相信这是行为治疗遗留下来的问题。

同时,我们接受的语言治疗和专业治疗既有利也有弊。以学校和诊所为依托的专业治疗,对艾米莉的精细动作和大动作技能方面的问题有帮助,也调节了她的内在节律。但是,对艾米莉的发育最重要的贡献来自一项专门的体操课程——乐趣多,艾米莉从七岁开始参加这个课程,直到她十二岁左右。这门课程是由专业治疗师吉恩·赫尔温开发的,他希望通过体操来解决自闭症儿童的大动作技能和精细动作的问题,特别是他们的神经调节问题——让他们在认知、交流、感受和运动中,他们的核心大脑网络中的神经脉冲能够同步。他会利用平衡木、翻滚和攀爬装置,还有蹦床,以帮助孩子们同步身体动作,并尽量减少那些与正常同龄人相差一两秒的动作,比如笨拙的步态,或者说是走路时没有摆动手臂。虽然这个课程也关注感官整合——努力将自闭症儿童的感官敏感度与环境噪声相结合,但艾米莉在这方面的进步有限。在我看来,在吉恩这里接受的一次治疗抵得上五次普通的专业治疗,因为运动和内在节奏是制约艾米莉的关键问题。在连上了这些脱节点之后,我们收获了最大的进步。

另一方面,我们寻求的语言治疗显然不如我们期望的那样有效。

所有这些观察都是后知后觉,仅来自我跟艾米莉在一起时的感受。在自闭症群体中有这样一种说法:"如果你遇到了一个自闭症患者,那他就是一个独一无二的自闭症患者。"自闭症患者群体有各种各样的行为和经历,任何以偏概全的评论都是一种严重不负责任的行为。艾米莉拥有其他自闭症患者所没有的某些技能,而其他人可能拥有艾米莉所没有的技能。他们是如此不同。当然,能帮助到她的东西可能对别人来说没有效果,反之亦然。

为了更好地了解艾米莉在自闭症群体中所属的类型,近期我邀请了儿童和青少年精神病学专家、艾米莉的医生之一、从艾米莉十三岁起就为她看病的南希·沃尔夫医生对艾米莉进行评估。

"我第一次看到她的时候,我立刻就感觉到,这个孩子除了自闭症之外还有其他的一些潜能,站在我面前的是一个非常聪明的人。但是,她并不能开口回答我,只是在发出噪声。她的神情太专注了,看上去是很聪明的。一下以下,她的能力完全超乎旁人对她的评估,至少之前看过医生记录的那些人不会那么认为。"

"她确实有失语症"——失去语言表达的能力,通常是由脑损伤引起的。但是,"我相信她对事物的理解和领悟能力比我们最终确诊的、比我们意识到的要强得多"。

为了证明艾米莉拥有较高的领悟能力,沃尔夫博士让我们注意艾米莉在学校的出勤率。

"她和一位助手一起去学校,她就能够学习非常复杂的课程。我心想,如果她不能理解那些课堂内容,她就会站起来离开或者发脾气,因为她很容易暴怒。她会被强烈的感觉刺激,不可能还留在教室里。她会发出更多噪声,还会在课堂上大肆破坏。他们不可能让她留在那里。但事实是,她确实去了学校,而且她渴望上学,想留在那里。"沃尔夫博士指出,"这种渴望意味着很多。"

"她说话的方式真的有点奇怪,听上去非常粗鲁。"

对她来说,光是要表达这些信息都很困难。不过,这种回答方式对她来说太适用了。我可以问一些问题,她每次都会正确地回答"是"或"不是",而且回答得很准确。

"你的名字是艾米莉吗?"

"是的。"

"你的名字是苏珊吗?"

"不是。"

沃尔夫医生变换着问题,但艾米莉总会给出一个合适的、准确的回答。

"她确实在身体控制方面遇到了巨大的挑战,"医生回忆说,"比如暴怒,如果她在一个地方待得太久,她就会坐立不安。我知道你和汤姆一定在家里也遇到了这种情况。这对她来说是巨大的消耗。"

至于对她的诊断,沃尔夫医生说要参考 DSM-4 和 DSM-5 作为分类标准。"它们就像中国餐馆的菜单,两条信息来自 A 栏,三条信息来自 B 栏,然后你就有了一个诊断结果……我想说的是,这样的诊断是一种现象实体,不能解释为什么有些患者会出现某些症状。他们出现的这些症状,只是你看到的表象。"

在讨论艾米莉的情况时,她列出了证据。

"她会感到兴奋,做一些异常的动作。自闭症患者为了让自己平静下来,就会这样。她对很多刺激非常敏感,这在自闭症患者中很常见。她的沟通能力较弱,社交关系也被严重影响,这些也是常见的现象。"

"所以她符合自闭症的任何诊断标准。"但这个诊断并不能证明她的病症是由脑损伤引起的,也无法解释她的兴奋是因为她对某物过敏还是另有原因。

"她的症状会不会是由多种疾病引起的? 严格来说,

是有可能的。"

鉴于我们可以在中餐馆的菜单上做出选择,沃尔夫博士说:"理论上来说,她符合DSM中列出的自闭症诊断标准。"

(艾米莉的话)

面对自闭症患者,我们不应该做出任何主观推测。我们都是不一样的,完全不一样。正如他们所说,没有一本教科书上给出了"自闭症"这个词的准确定义,因此我们也不能被定义。在我看来,把我们都看作一样的人是比刻板印象更严重的一种罪行。

我是幸运的人之一,有人看到了我曾经的样子,有人知道我的认知能力并不像我的表达能力那样弱。

我也知道我不能为每一个自闭症患者发声,因为如果我这么做了,我的言论就和那些把我们都塞进同一个盒子里的人一样,也是一种罪行。

这让我想到了一个例子:人们经常假设所有自闭症患者都非常直白。但我可以用比喻、隐喻和抽象的方式来写作,反过来,我也可以听懂这些词汇,围绕着这些词来思考,在句子中发现它们的真正含义。

每当我们谈论自闭症患者时,最好不要主观臆断。我们中的许多人都拥有可能让你眼前一亮的技能。我们每个人都不一样。

7

当我们三人到达艾丽西娅·艾略特的办公室时,她的工作室同伴正带着一群孩子们演唱《白鲸宝宝》,这是一首由拉菲谱写的儿歌,非常有名。

"*白鲸宝宝在深蓝的大海中*
游得如此狂野
游得如此自由
上面是天堂
下面是大海
还有一条小白鲸在游动"

不一会儿,艾米莉就开始试着学他们唱,并记住了这些词。

星期六,汤姆和我一起去旁听集教课。在我向他发出最后通牒时,我还没有想清楚我说的话意味着什么;我没有一个计划。我爱他,我一时又气又恼,就对着他大发脾气。我想强行解决这个问题,让他知道我的态度。我一直特别坚信这个新的方案,我已经准备好要全力以赴了。虽然我的态度强硬,他还是愿意尝试一下我提出的建议,而且他没有气急败坏地对我,这就证明我们的婚姻是稳固的。

每周六,艾丽西娅的很多私人客户都会集中上门,六个孩子和他们的父母挤满了整个房间。我们一走进去,就感受到了快乐，孩子们的喜悦溢于言表，他们在唱歌，家长们很放松，房间里满是欢声笑语。欢乐的气氛包围了大家。在我们花了那么多时间配合那些严厉的行为治疗师之后，在被他们严肃的态度和无尽的数据收集淹没之后，在艾米莉通过尖叫对他们发出痛苦的抵抗之后，来到这里真是一种解脱。孩子们在这里玩得很开心。整段体验的气氛充满了轻松和愉悦。就连艾米莉也很高兴。几周来，我第一次感到放松了。

我看了看我的丈夫，看到他随着《白鲸宝宝》的旋律用脚轻轻打着拍子，沉浸在房间里的欢乐之中。他被说服了。谢天谢地。为了艾米莉，我宁愿放弃我和汤姆的关系，宁愿我们的婚姻出现裂痕。

我和很多养育着特殊需求的孩子的父母交流过，他们很多人最后都离婚了——事实上，大多数人都离婚了——因为两人之间的关系承受了很大的压力。作为一对夫妻，你们不再拥有从前那样的社交生活了。虽然我不能代表所有人，但我和汤姆的希望和梦想、我们的计划，都会需要一直考虑到艾米莉而做出改变。我们的生活停滞不前，一切规划都以艾米莉为中心。一般来说，家长们不得不在他们的配偶和孩子之间做出选择，这是一个任何人都不应该去做的"苏菲的选择"[1]。在如何让艾米莉得到她所需要的照顾方面，

---

[1] 译者注：出自美国作家威廉·斯泰伦创作的长篇小说《苏菲的选择》，讲述了波兰姑娘苏菲在二战中被关押在奥斯维辛集中营时，纳粹曾经逼她在子女之间做出杀一留一的残酷选择。此后小说被改编成电影，于 1982 年 12 月 8 日在美国上映。随着小说和电影的流行，"苏菲的选择"逐渐成为固定的短语，用来形容在极端境遇下的生死抉择或是让人左右为难的决定。

汤姆和我的意见总是一致，从一开始，我们对女儿许下的承诺就坚定不移。尽管如此，我们的关系还是受到了影响，我们之间也有很多不愉快。

我们与他人的社交往来也很勉强。我们不是洛杉矶本地人，在这个地区也没有长期牢固的社交关系。如果你在成年后一直生活在你长大的地方，从小到大，人们都对你非常熟悉，你们有着共同的经历，这就很不一样了；在有需要的时候，你可以依靠他们提供的帮助。生活在这个地区，我们没有大家庭的支持，也没有得到任何帮助。不过，我们还是尽量维持社交生活，我们会在家里跟艾米莉学校的同学和我们的朋友一起开派对，为她庆祝生日。我们经常举行小型宴会。每一个里程碑——艾米莉顺利毕业，汤姆被任命为法官——我们都会好好庆祝一番。我尽我所能地去纪念每一件有意义的事。

然而，随着时间的推移，老朋友们几乎都疏远了——我们应对着新的挑战，与他们的共同语言少之又少。我们认识的新朋友，是同样抚养着残疾儿童的父母，他们与我们处境相同。即使在这个新的群体中，社交活动也是有限的。在周围的人面前，我们一直都屏着一口气，永远不知道艾米莉会做什么，她接下来的什么行为或尖叫会打断一个活动。我们从来没有要把她藏起来；我们带她去参加派对和其他社交活动，同时我们也承受着很大的压力。不知道什么时候我需要为艾米莉的行为做出大量解释，也不知道怎么为她解释。

在那些汤姆和我可以逃离的夜晚，我们试着结交新的朋友，想要逃离我们日常生活里的喧嚣，哪怕只有几小时；但是，我们在社会上仍然很孤立。

我想起了马斯洛的需求层次理论。我们被困在金字塔的最底层，尽全力满足我们自己和女儿的基本生活需求，保障她的安全。这就意味着我们没有多少时间和精力去获取更高层次的满足感，比如建立友谊、参加社交活动以及与他人建立亲密关系。我们只是在生存的基础上维持生活。

现在，在艾丽西娅的办公室，我们都感受到了片刻的解脱。我们观察着艾米莉和房间里的其他孩子，发现艾丽西娅和她的同伴们都特别关注孩子们的需求。这是一个多么好的养育环境，这些女性通过歌曲和游戏来引导孩子们，让整个过程充满趣味性，并且一直鼓励孩子们。她们不会责骂孩子。不会采用行为治疗中的零和游戏——如果你不按我们的要求做，你就不会得到奖励。每个孩子都在玩耍，他们在游戏和娱乐中学习，而不是通过隐性的强制命令。

很快，汤姆就站在了我这边。我们非常感谢行为学家多年来的帮助，但我们很高兴我们挣脱了行为矫正的枷锁。我受够了那些巧克力豆、那些花言巧语、那些小甜饼以及成堆的数据，还有不断出现在家里的陌生人和每周要开的会，最重要的是，我再也不忍看到艾米莉对整个过程的抗拒。现在，有了艾丽西娅这位主治医生，我得想办法让艾米莉上幼儿园了。

我最近了解到，我可以聘请一名律师为艾米莉争取权益[1]，这可以让学区[2]为我们报销一部分非常昂贵的治疗费用，还有蒙特梭利幼儿园的部分费用。校区也可以让她进入专门为有特殊需要的儿童而开设的教室。

有一位律师站在我们这边是件好事。早在之前，多琳就向我们推荐了一位律师，但我没有跟进。人总要知道错了，才能找到正确的路。

在我们去蒙特梭利幼儿园之前，我们在为艾米莉寻找公立幼儿园，刚开始，我去了一所我很感兴趣的学校。

"我想让我的女儿入读这所幼儿园。"我向学校办公室工作人员表示。

"要成为待入学儿童，我们需要为她制定一份IEP（Individualized Educational Plan）。"

"那是什么？"我问道。

回想起来，我真不敢相信，那么长的时间里我都不知道这个政策的存在。我很快了解到IEP是一份适应个体需要的教育计划，是依据美国法律拟定的一份法律文件，为美国每个需要特殊教育的公立学校儿童[3]制定。这个计划由孩子

---

[1] 非律师辩护人也可以向家长提供这种法律服务。但随着案件的进展，我们可能需要一名律师。
[2] 美国的学区，是美国公立初等教育与中等教育体系里地方政府对市、镇居民区的一种划分，以利于对各学校的管辖、拨款，并对哪些地区居民子女可以进入附近的公立学校作出规定。
[3] 如果私立学校的学生获得资格认定，学区必须为他们提供IEP。这相当于学区与一个家庭签订了一份合同，其中详细说明了认定资格的要求、教室安排以及学区为解决特定学生的需求而提供的服务，至少从学区的角度来看IEP是这样执行的。

的家长和了解孩子的学区人员共同制定,其中拟定了学区有义务提供的服务,以便为孩子提供"免费和适当的公共教育"(Free and appropriate public education, FAPE)。

我最终了解了 IEP 计划的启动程序。在对艾米莉进行了多次评估后,我和汤姆坐在当地学校的一个房间里,在艾米莉第一场 IEP 小组会议上,八双眼睛看着我和桌子对面的汤姆,学区工作人员公布了对艾米莉的评估结果。

大家一致认为艾米莉属于"自闭症[1]"和"语言障碍"。学校为她安排了一个专门为自闭症学生设计的特殊日间学前班。我们非常激动。

上学第一天,我送艾米莉来到这个指定的幼儿园。停车时,我注意到为她安排的教室并不是学校的一部分。这间教室被安置在一辆拖车式的活动房屋内(被当地政府美化为"平房"),而这辆拖车停在学校最外围的柏油路上。这是一种隔离自闭症儿童的方法。

我把她带了进来,把她介绍给了老师和助教,还有其他 11 个学生。我没有把她丢下就走,我在附近待了一会儿,想看看会发生什么。

从第一天开始,我就能看出老师和助手对班级管理和上课内容没有明确的规划。所有的孩子都在宣泄自己的情

---

[1] IEP 的认定资格由学区初步评估后确定。目前联邦法律认定的资格类别包括自闭症、其他健康障碍、智力障碍、特殊学习障碍、情绪障碍、语言或文字障碍、视力障碍、耳聋、听力障碍、骨科障碍、脑外伤或多重残疾。

绪。我们希望艾米莉向她的同伴学习,希望艾米莉也能完成同样的事情——在课堂上专心听讲;学会识别字母、数字和颜色;能够以一种健康、恰当的方式与同学和老师交往,然而这样的环境会加重她那些已经存在的异常行为。她的尖叫、自我刺激和自残变得更加不可控。在幼儿园里,艾米莉唯一喜欢的时刻就是她可以在课间休息时盯着窗外那些正常的孩子们。那时她感到很满足,也会安静下来。学校不认可艾米莉的行为,并记录下她盯着窗户看的动作,以此作为她注意力不集中的证据。

果不其然,我再次去教室时,发现在艾米莉盯着看的窗户上贴着一张硬纸板。学校这样做是为了帮助她集中注意力——艾米莉没有全神贯注地听老师的话,这让老师非常恼怒——但这只会迫使艾米莉更加沉浸在自己的世界里。

那天我走进教室,发现艾米莉班上一个有严重行为障碍的男孩罗伯特被可移动的墙框制在教室的某个区域内,我忍无可忍了。

"发生了什么事?"我问道。

"他的行为太过分了。"这位不堪烦扰的老师说。十几个孩子在她周围跑来跑去,他们完全不听话、惊声尖叫、摇头晃脑,她正在全力应对:"我不希望其他小朋友模仿他这些不好的行为。"

这种环境显然对艾米莉没有帮助。我当即意识到,每个人对孩子们"应该接受的教育"的看法是多么不同。到此为止吧,我不想再错下去了。就这样,我们来到塔扎纳的蒙特梭利幼儿园。

为了让你们充分理解我在那时为艾米莉力争权益的原因，我想我有必要向你们介绍一些背景。艾米莉生于1991年，那时与残疾人相关的法律刚被修订不久，对艾米莉来说情况是有利的。在那之前情况完全不同。1975年，杰拉尔德·福特总统签署了《残疾儿童教育法案》，用法律保障了残疾人接受教育的权利。这项法案责成所有接受联邦政府资助的州政府为残疾儿童提供平等受教育的机会。以往并不是每一个州都会提供这些服务。后来新有的一项修正案要求各州从残疾儿童出生之日起就要为其家庭提供服务。

1986年，里根总统签署了《残疾儿童保护法》，该法案规定，在制定残疾儿童的IEP时，其父母有权获得更多的支持。最后，在1990年1月，也就是在艾米莉出生前不到两年的时间里，自闭症和创伤性脑损伤被纳入学区需要提供服务的残疾类别。

久而久之，我明白了IEP的游戏规则，也意识到我需要一位律师来帮我们弄清楚如何让艾米莉获得最大化的利益。随着幼儿园入学的临近，我聘请了一位受人尊敬的律师，她曾经在加州工作，为了推动残疾儿童受教育权利相关法律的修订而不知疲倦地努力过。人人都知道她在这方面满怀斗志。我们需要她站在我们这边。

在与这位律师合作的过程中，我们了解到联邦法律和加州法律可能提供的服务范围。但不是说我们争取这些服务很容易，也不能说结果是肯定的。我们的责任是要证明这些服务（语言、职业和/或行为治疗）会让艾米莉真正受益。每年我们都有义务陈述艾米莉的情况。实际上，我们不得不多次起诉当地学区，想要获得《残疾人教育法》中拟定的属于艾米莉的权利：获得免费和适当的公共教育。

到了艾米莉快上幼儿园的时候，我眼睁睁地看着我的期望落空，我寄希望于早期干预能够解决自闭症带来的问题是永远不可能了。无论从行为上、社会上还是情感上，艾米莉都远远没有准备好进入常规课堂。很明显，她患有自闭症。我们在她婴幼儿时期发现的那些症状，现在已经全面显现。

就像入学前的调查一样，我已经带她去了四五所私立幼儿园，希望她能顺利进入那些幼儿园的课堂。一旦学校的管理者们看到了她的走路方式、她的反应还有她与人打交道的方式，他们就会意识到她有太多学校无法满足的需求。我们也发现了这一点。每一所学校都拒绝了我们，即使是教育理念最先进的学校。艾米莉无法独立生活，大家都看在眼里。不过，到了这个时候，我们已经习惯了，在整整五年里任何进步都不会在我最初预期的时间内取得，也永远不会。

我习惯了生活在这样一个世界里，只要我下定决心，我就能完成某件事。现在，这是一种新的体验，我没有得到我想要的东西，而且不断被人拒绝。这份经历改变了我这个人。面对艾米莉，我变得更有耐心。

在寻找一所特殊教育幼儿园的过程中，我偶然来到了莫罗女士在北岭公立幼儿园设立的幼儿小班"失语症"教室。一进去，我就有了家的感觉。首先，莫罗女士的教室是园所大楼的一部分；我不接受大部分幼儿园实行的隔离残疾学生的做法。其次，莫罗女士是一位真正的语言病理学家，在这个混龄的特殊教育班里，她是这些患有语言障碍的儿童的老师。她很专业，了解这些孩子的需求。

她的教室布置得井井有条，墙壁装饰得色彩鲜艳。一位配合孩子们的助手在旁关注着每一个学生。在对班上七八个孩子说话时，莫罗女士都非常友善，并且完全尊重孩子们。与其他幼儿园相比，这里的成人与儿童比例要合理得多，每个孩子都很开心。我就像在一堆杂草里见到了玉簪。

一上车，我就给我们的律师打了电话。

"这个班级简直出乎我的意料，这是全世界最适合艾米莉的班级，谁会知道还有这样的课堂？"我情不自禁地赞叹。"我们能进这个班吗？"我问道。

"我们会争取。"她说。

秋天到来，艾米莉进入了那个班，开始上幼儿园了。第一天我就拍了一张照片，坚持要让那些非自闭症儿童的父母都知道，艾米莉能够入学是标志性的一块里程碑。每天早上，我开车送艾米莉去学校，下午早些时候我去接她，我们会开车快速穿过小镇去到艾丽西娅的办公室，在往返学校的长距离之外，又增加了六十二英里的往返车程。艾米莉每天下午3点到傍晚6点与艾丽西娅待在一起，一周五天，周六甚至更长。

我还在经营着自己的律师事务所，为了配合艾米莉的日程安排，只要公文包在手我就可以随时出差。我要么带着我所有的工作资料、我的车载电话（后来才有了手机）和我的笔记本电脑，在她接受治疗期间，我基本上会在车上完成相关工作，要么我把艾米莉送到目的地，然后让那时在洛杉矶东部的蒙特利公园工作的汤姆在一天结束后顺道去接她。在汤姆接她回家的那段时间，我刚好有足够的时间赶回家，在他们回来之前准备晚餐。如果说我们之前保持生活节奏很艰难，那么现在更是一种折磨。每天都是一个新的挑战，不知道我们到底应该如何面对。

"我们可以试试电脑上的这个软件。"艾丽西娅建议说。这是我青睐她的原因之一，她总是站在自闭症治疗领域的最前沿。只要她听说某种治疗可能对艾米莉有益，她就会向我们建议。如果是艾丽西娅提出的建议，那就值得我们去尝试。那是1998年，在这个领域使用计算机和一些技术是相当前沿的尝试。

我们为艾米莉报名参加了"快速识字"（Fast For Word），这是最近刚被开发出来的一个电脑程序，目的是为了改变大脑中的神经通道，特别是那些有关单词音位结尾的神经通道。比如"Phone"（电话之意）和"Photo"（照片之意）这样的词会被艾米莉这样的患者混淆，因为这类单词结尾会被吞音，从而改变了它本来的意思。这种混淆归因于听觉处理障碍（与艾米莉小时候的音乐老师提出的听觉损失不同），这是整个神经系统受损后的一种继发性障碍。

艾米莉戴着耳机坐在电脑屏幕前，必须回答问题。这个软件会提出问题：指出女孩看着一头奶牛的那张图片，并提供了一些插图供选择。然后接着提问：指出女孩给奶牛洗澡的那张图片。艾米莉用鼠标点击她的答案。久而久之，艾米莉能更好地分辨单词，也能更好地理解别人对她说的话了。

在艾丽西娅的建议下，艾米莉还使用了互动节拍器，目的是训练艾米莉的身体和大脑更好地协同工作。跟我逐渐了解到的一样，自闭症有多种表现形式，包括我们目前正在解决的语言和沟通障碍，还有我们之前想要通过行为矫正去解决的行为问题。此外，我们还在解决她在身体控制方面面临的挑战，在自闭症患者身上表现为步态不稳或步幅不均，或者在行走时失去平衡，根本不会摆动手臂，或者是以一种不正常的节奏去行走——不是大多数人表现出来的左脚/左臂平稳、平衡的走路方式。当我仔细研究这个问题时，我发现这些身体控制方面的问题证明了艾米莉的神经定时出现了问题。为了解决这个问题，我们拿来了一个真正的节拍器，让艾米莉跟随着节奏拍手或跺脚，努力通过反复练习更好地实现各种脉冲的配对。这样做是为了刺激她大脑中连接点的增长，帮助大脑更有效地工作，运行起来更加有序，与艾米莉当初在吉恩·赫温那里所接受的治疗一样。我们希望这种方法能让她的注意力更加集中，提高她破译信息的能力。这种方法也有可能进一步提升她的阅读能力，让她行动起来更加轻松，并帮助她控制自己的情绪冲动或攻击行为。

艾丽西娅向我们建议的每一种疗法都很昂贵，但每次，当她带着新的可能性找到我们时，我们都愿意尝试。如果那些治疗会带来一定的帮助，我们想要试一试。有些疗法比其他疗法更有效。我们同意采用，不仅是因为提供的治疗可能会改变艾米莉的一些情况，还因为在这一小时左右的治疗中，有其他人负责照顾艾米莉，汤姆和我可以短暂地休息一会儿。

（艾米莉的话）

艾丽西娅是一个非常坚定的人。第一次见到她的时候我就知道了。我有一种感觉，她很懂我，想帮助我尽可能地表达我脑海里的所有信息。我不知道我妈妈在我和艾丽西娅见面之前跟她讲了多少我的情况，但她非常懂我。她致力于帮助我至少能够表达我的基本需求。但她也知道，即便我在很小的时候，我的理解能力和表达能力也很强。她知道我是聪明的，也尊重我的个性发展。

例如，如果她想知道我想读哪本书，而我的回答又很泛泛，她绝不会满意。她会让我说得具体点。她希望我在颜色、细节和喜好上面有具体的描述：她知道我有这个能力。

在培养我的语言表达能力、帮助我发音的过程中，我们会用图片交换卡片。她觉得我可能无法听出单词的正确发音，但通常我可以。

有的时候，她会说一个词，让我发出相同的音。她会给我看发音时的嘴型的图片——你的舌头应该放在哪里、你的牙齿应该在哪里，她会用她的手比画一下来展示或帮助我发出一个音——那些手势看起来像手语，但实际不是。

我看着那些嘴型和牙齿的图片，觉得太难了——以为我没办法让自己的牙齿那样放。我相信她知道我能够分辨两个单词，比如洗（Washing）和看（Watching）。这两个词我都能大声念出来，我能在脑海中发出正确的发音。但是对听者来说——对艾丽西娅来说——这两个单词听上去好像是一样的。这是我感到挫败的根源。我试着说出不同的词，但都没有成功。我没有给她满意的结果。

不过，我很喜欢与她互动。例如，在一个游戏或练习中，我会被要求把卡片交给她，不管她要的是什么颜色。当我选对的时候，我很高兴看到她的反应。我做对了！如果我选错了，她会咯咯地笑着说"再试一次"。

通常，我都喜欢待在她的办公室里。有时在那儿我也会不知所措，因为我习惯了安静的环境，所以一开始，当所有人都聚集在那里，尤其是周六的时候，我就会感到不适。但我喜欢观察其他小朋友，并尽可能加入到活动中。

我很高兴那些行为治疗师不会再来我们家了，让我松了一口气。我去艾丽西娅那里的时候，我的家还是我的家。我不喜欢那些在我家里的人，也厌恶他们给我下的命令。我觉得我已经取得了所有我必须取得的进步。

8

(艾米莉的话)

我对学校的课程感到厌烦,那段时间我受够了。有的时候,我能感受到很多,有很多无法表达的情绪。然后我就会表现出很多极端行为,比如情绪崩溃。我脑子里的东西太多了。现在我知道,如果那时我可以打字,或者让别人知道我内心的想法,可能会对我有很大的帮助。但是那时候我还不会打字,所以内心常常慌乱不安。

童年时期的学校生活经常会遇到挑战,但我也过得很快乐。跟我同龄的孩子们聚集在同一个地方,我们会迸发出巨大的能量,不用在意周围人异样的眼光,这种氛围也深深地影响了像我这样的人,你能想象这样的场景吗?另外也有些时候会让我感到困惑,因为我得到的信息太少,人们也不会向我解释发生了什么。

一位老师曾对我说,对我开展治疗就像是在训练一只狗狗去写小说。你很难相信她会这么说吧,但这是事实。那位老师想接待一个新的患者,她讨厌跟我待在一起。她属于学校提供的辅导服务的一分子。在学校里,她当着我的面把这些话告诉了我的另一个治疗师。我猜她以为我听不懂。

我非常生气，开始疯狂地进行自我刺激——我开始尖叫，不断流口水，还有一些类似的行为。我希望她被辞退，想让她在同事和老板面前出丑。我的行为帮我达到了目的。她的话层伤儿我极了不得，她对待我的方式好像我低人一等。

在我的脑海中，还留有一段十三岁那年的记忆。学校的特殊教育老师正在对我进行智力测试，看看该把我安排进哪个班。他认定我根本不具备适应任何学校环境的能力。这段记忆现在还能清晰地浮现在眼前，因为即便是在那个时候，我也觉得这位老师在胡扯。但是他的话真的很伤人。我默默地在心里哭泣，就好比我被判了死刑，然后我知道自己注定不能念书，注定不能取得进步。我从没想过自己还有机会入学。

但说实话，（大部分情况下）周围的人都待我很好。童年的大多数时光我都没有归属感，但没有一个人待我刻薄。我会去参加其他小朋友的生日聚会，也会参加一些社交活动。中学时，一个女同学在家里开派对，我也去参加了。在那里，我是一个观察者，而不是参与者，但我想见到那里的每一个人，所以我在那里做的最主要的一件事就是观察其他的小朋友。她的家里还有一个彩罐[1]。我朝着这个彩罐打了一下，但什么也没有得到。一直以来或几乎大部分时候，仅仅是在旁边看着、观察着，我就已经心满意足了。

---

1 皮纳塔（西班牙语：Piñata），是一种纸糊的容器，其内装满玩具与糖果，于节庆或生日宴会上悬挂起来，让人用棍棒打击，打破时玩具与糖果会掉落下来。皮纳塔的造型多样化，最常见的样子是小驴子。

"这就是鼠标。你移动它的时候,它就可以移动屏幕上的光标。"汤姆向艾米莉解释着,在她差不多六岁的时候,他决定教她使用电脑,但不知道从哪里开始入手。他不指望艾米莉能够有很多的反馈,尤其是口头上的反馈,但他相信他们会一起解决问题。

他开始向她描述电脑,希望她会有一些印象。如果他能让她理解鼠标的工作原理,并在一个月内简单地移动它,那他就已经很了不起了。他确信,要教她打开一个程序并真正做她想做的事,需要更长的时间。

他们刚刚在餐厅里坐下来一起努力。我听到汤姆开始上课了。

"你可以把光标移动到你想要的图标上。然后,如果你用手指按下鼠标,它就会发出'咔嚓'一声,你就可以打开那个程序了。"

没过一会儿,我听到汤姆在那边笑了起来。我走过去,想看看发生了什么。原来艾米莉从汤姆那里抢来了鼠标,她移动光标,然后点击图标,最后打开了程序。毫无疑问,她很聪明。

艾米莉还小的时候,我给她看了她房间里用来装衣服的篮子。

"你脱下衣服后,你要把它们放在篮子里。" 我只需要告诉她一次。我的一些朋友的孩子已经上了高中和大学,他们脑袋里还是完全没有这个意识。

我给她买了衣服,告诉她哪件上衣配哪件下装,以及如何搭配颜色。在为她搭配了一次后,她从那时候开始就自己挑选衣服、自己搭配。同样,当我教她如何擦拭餐具,如何把碗碟装入洗碗机时,只需要告诉她一次她就懂了。吃饭时,她不需要太多的指示就能摆好餐具。

虽然她很聪明,我们还是不得不适应她无法表达自己的语言障碍。虽然她不能以我们的方式进行交流,但她已经能够非常善于表达自己的喜好和厌恶。一个皱眉,一个摇头,一个简单的"是"或"不是"就能表达很多意思,她的肢体语言也非常清楚地表明了她可以接受的东西是哪些。

"我希望我的妻子能像艾米莉那样清楚地表达她的愿望和需求。"一位朋友开玩笑说。

不过,我们还是很想知道她在想什么,她想要什么,她对我们和我们这个小家庭有什么感受,她的内心是什么样的。她仍然与我们很疏离,我们被语言障碍隔了开来。她只能与我们分享她最微小的一部分感受。这让我很难过,我也为她的未来感到担忧。

生活在继续,艾米莉在成长并进步,在日常的生活中,她的某些自我护理的要求需要得到满足,牙医就是其中之一。

当她还小的时候,我了解到有一个为特殊需要的孩子提供服务的牙医。太好了。我立刻预约了时间,随后带艾米莉去了那里,牙医让她坐在椅子上。

"你也知道,像这些孩子(指自闭症儿童)在我检查的时候会胡乱挥舞他们的手臂,这样我就没有办法好好地检查。"他拿出一件拘束衣[1],想要给她穿上。

什么意思?我差点尖叫起来。没有人可以给我的孩子穿上这可怕的拘束衣!我非常愤怒。这是一位牙医,他自称是为特殊需要儿童提供服务的专家。每一个拿出拘束衣的人都能够吓唬到孩子,让她乖乖洗牙,但对孩子会造成什么样的影响呢?自闭症的污名依然存在,这件事让我明白,如果没必要,都不要把艾米莉的诊断结果告诉任何人,这么做是明智的。让别人知道你的孩子患有自闭症,你们就会被这样对待。

我拒绝让他对艾米莉进行治疗。离开时,我拒绝支付预约费,我也看到了他在艾米莉的档案中写的批注:"母亲不配合治疗。"我不在乎,我的女儿绝不可能接受这样的治疗。

我打电话给我自己的牙医,告诉了她这个情况。

"把她带过来吧!"她说。

我第一次带着艾米莉去苏珊·维吉尔医生的办公室时,她大约五六岁。

为了让艾米莉知道接下来会发生什么,我斜着躺在牙科手术椅上,而艾米莉则在一旁观看。

"张开你的嘴,瓦莱丽,我会数一数,看一看你的牙齿,会清洗其中的几颗。"苏珊医生指引着我。

艾米莉在一旁看着,明白这种治疗是可以接受的:妈

---

[1] 拘束衣或称为紧束衣,外型是一个非常长的衣袖,用作限制穿戴者上肢活动,目的是保护他人及阻止自我伤害。当双臂穿入衣袖,将双臂在胸前交叉,两边衣袖尾端拉到背后再扣紧,令穿戴者的双臂贴紧胸部。

妈没有受到任何伤害。她知道这一点，这一天就足够了。

三个月后，在下一次的预约治疗中，艾米莉和我一起躺在牙科手术椅上，她小小的身体压在我的身体上。

"张开你的嘴，艾米莉，我会像上次对你妈妈那样数一数你的牙齿，我会碰到你的牙齿。"她用金属探针对我做了实验，然后对艾米莉说："我们一起来试一试，这样你就知道是什么感觉了。"苏珊医生温和细心，把一切都解释清楚了。

艾米莉抬头看了看我，明白了这是必须的，然后把她的头靠在了我的胸前，张开了嘴。

刚开始，我们很慢，慢慢地推进牙齿的护理。

"我正在清洗这里的一颗牙齿。"

"我现在在敲打你的一颗大牙。"

我们每三个月去看一次牙医，让艾米莉有所适应。

现在，在牙医的办公室里，当艾米莉被叫到名字时，她会自己从候诊室里站起来，跟着助手进入办公室，在椅子上躺好，张开嘴，等待牙医来完成她的工作，一切都靠艾米莉自己完成。

给她时间、对她有耐心并充分理解她，还要让她知道会发生什么事，这些努力会带来很大的改变。

给她抽血是另一种折磨：她会尖叫、反抗、尽全力抵抗。直到有一天在儿童医院，她表达了自己的意愿。我们跟她讲道理，想让她把胳膊伸直，以便从她的肘弯处抽血。她指了指她的手腕内侧。

"你希望他们从那里抽血?"我疑惑地问道。

"是的。"

抽血的医护同意了,不一会儿,艾米莉就完全配合了。她愿意让他们从她身上抽血,过程中没有尖叫,也没有发脾气。

我们一次又一次地看到,艾米莉很聪明。如果我们能向她解释她需要做什么并让她能够理解,我们就会取得巨大的进步。

我们很早就下定决心,我们不会向这个诊断结果屈服。我的母亲和幼儿园园长一样,她总是说:"孩子们需要知道别人对他们的期望是什么。"她和园长都说得对。因此,我们为艾米莉设定了标准,并决定让她达到这些标准。例如,从她小时候起,我们就给她分配了一些日常杂务,比如帮忙摆餐具或收拾餐桌,我们会教她用银质餐具吃饭,教她把餐巾放在膝盖上,教她懂礼貌。确保她保持良好的卫生习惯,我觉得这是我的责任,让她知道如何打扮自己。她会在这个世界上体面地生活着,我会确保她能做到这一点。她也都照做了。

我们也让艾米莉尽可能多地有接触到社交的机会和文化学习的机会。我们信奉的真理是——最坏的结果也不过如此了。有了这种信念,在学校的春假和暑假,我们会带她一起回到东海岸,或者去到加拿大和西北部。我们带她去看百老汇演出。如果这些旅行中的活动让她感到疲累,我们就缩减次数;如果因为她状态不好需要在演出结束前离开,那我们就会离场。我们只是想让她接受、体验并享受她所能享受的。我们希望这些体验对我们一家人都有好处。

在艾米莉上一年级的时候,她已经在一所公立学校成为"主流班"的一名学生了。她每天会有一部分时间去特殊教育班上课,还参加了一个非学术类的神经研究类课程。我的办公室就在附近,所以我可以中途停在那里,尽可能多地去做志愿者工作。

"艾米莉在哪里?"当我有一天来帮忙时,我问道。

"她和妈妈朋友人在一起。"老师告诉我,她指的是二年级的普通教育班,"他们正在做一个关于爬行动物的特别探究。"

我来回走在学校的走廊里,寻找着艾米莉。

通过 IEP 程序,在我们律师的协助下,学区已同意将她安置在这个特殊教育班,并配备一名一对一的助手。当时,我并不完全理解主流教育和全纳教育之间的区别,但我认为她会和她的同学一起上课。艾米莉与正常的同学在活动过程中的互动一直非常不错,我希望她能从他们身上学到东西,培养自己的能力[1]。

虽然这个概念听起来不错,但在现实中却没有如我所期待那样发挥作用。在艾米莉进入普通教育班的课堂后,她并没有真正成为这个班级里的一员。老师似乎很害怕艾米

---

[1] 在主流化的概念中,特殊教育班的学生被允许进入普通教育班,在学校的一天内,他们有一部分时间可以与正常的同龄人上艺术或体育等非学术性课程。

莉，竭尽全力地把她和其他孩子分开。这种区别对待让我很心碎。

但今天，她与普通教育班里的孩子们在一起上课了。她参与了爬行动物的探究。这是件好事，她正在融入其中。

我打开塞缪尔女士的教室门，差点尖叫起来。站在一群孩子中间的是艾米莉，一条巨大的蟒蛇缠住了她。那条蛇从她的上肢开始缠绕，越过她的腰部，沿着她的手臂，一直覆盖到她的胸部。再过几英寸，它可能就会缠住她的脖子了。我快要失去理智。是谁出的主意，让一个七岁的孩子被一条巨大的蟒蛇缠住？

我非常恐慌，但不是因为艾米莉面对蛇的反应。她玩儿得非常高兴。她一直都喜欢蛇，而且许多自闭症患者都喜欢被挤压的感觉，也许这种感觉对她来说还不错[1]。不过，那一刻，我很担心。蟒蛇的拥抱似乎并不安全。我很快进行了干预，让她尽快摆脱了蛇的魔爪。

就像那条蛇一样，成为"主流班"的一员也并没有那么好。

在一年级的课堂上，我看到的是，艾米莉被当作普通教育班的插班生，一个来访者，一个被容忍但从未被完全接纳的人。"主流班"这种制度只是嘲弄了她的可能性，让她看着普通教育班级里的孩子们一起学习、欢笑和成长。在主流教育中，她将永远站在一扇锈迹斑斑的窗户的另一边，

---

[1] 坦普尔·葛兰汀因她在这方面的理论而著名。

看着那个班上的学生,清楚意识到自己被排斥在外。

同时,她的特殊教育课上的"学业"占据了一天中的大部分时间,都是繁重的课业。艾米莉观察到,很多孩子会在学校里发脾气,她也渐渐知道这种错误的行为在学校是可以被接受的,甚至是学校所期望的。

作为一个有特殊需要的孩子的父母,我所忍受过的最艰难的事情之一就是面对人性的极度刻薄。我不知道为什么人类一定要去践踏或推倒那些生活得十分艰难的人,但是被当作笑话、被排斥、被嘲弄,是许多自闭症患者和患有其他发育障碍的人必须经历的事情。我不愿相信这个事实,但这就是现实。

尽管如此,每当我看到人们对艾米莉恶语相向、对她恶意满满,她都能一笑而过;我看到认识她的人,还有一些路人,都会表现出莫大的善意和发自内心的宽容,都让我大为震撼。

在幼儿园里,一个小男孩给了她一张纸条,他告诉艾米莉:她是他最好的朋友,他爱她。她现在还留着那张纸条。虽然是件小事,但那是发自肺腑的爱。显然,这张纸条让艾米莉很开心。

在那个"主流"的一年级班里,在学校感恩节放假后,艾米莉回到家,张开手给我看一个装满水的橡胶塑料球,球上拖着一根橡胶线。孩子们叫它悠悠球。她还拿回来了一捆包装纸和一张字迹潦草的卡片。

"感恩节快乐,艾米莉,"一个小女孩在信里写道,"你是我最好的朋友。爱你的,特蕾西。"

特蕾西是个黑人女孩,她很喜欢艾米莉。每天放学我去接艾米莉的时候,她看到我就会问:"你有什么要给我的吗,格罗丁太太?"我就会拿出一些糖果或巧克力,不管我口袋里有什么。一个溜溜球礼物,大约值一美元,却传达了这样一份心意。那些自己经受过耻辱或苦难的孩子们,正是那些了解了艾米莉所面临的挑战并给予她支持的人。

在她的普通教育班上,有一些同学来自洛杉矶中部,他们乘坐校车上学。其中大多数是非洲裔美国人或是西班牙裔的孩子,与我们这个中上阶层、以白人为主的社区相比,他们的社会经济地位通常比我们的孩子们要低。你可能会认为,那些拥有特权的孩子,那些在当地没有经济压力的家庭下成长起来的孩子,会自然而然地对他人抱有一颗同理心,特别是面对着那些生活艰难的孩子。你还会认为,这些父母会教导他们的孩子善待残疾人和那些面临特殊挑战的人。但是,事实并非如此。

显然,一些人积累了一些财富、拥有了一些权力,继而就认为他们可以免受生活的困苦,面对那些生活不易的人,他们总是有一种莫名的优越感。通常,那些坐校车来上学的孩子,那些没有特权、家庭贫困的孩子,都对艾米莉非常友好也很包容。他们知道挣扎的滋味,对艾米莉抱有同理心。

这些孩子对艾米莉很好。他们会给她传递充满善意的纸条,送给她礼物,在课间休息时和她一荡秋千,在上课时和她坐在一起。日积月累，这些小小善意就堆积了起来。

相比之下，邻居家的孩子们对待艾米莉的方式差了太多，让人难以置信。一般来说，他们会通过你说的话来衡量你的智商。如果你不会说话，他们会自动假设你很愚蠢，你身上也没有其他优点，所以他们觉得你可以被随意对待。现在，我们是时候摈弃这些狭隘无知的观念了。

邻居的孩子们，几乎每一个都在取笑艾米莉。有人用手偷偷捂着嘴笑，有人用手指指着她，嘲笑她发出的声音，嘲笑她不完整的表达，嘲笑她有时不协调的动作。这一切都发生在她的周围，虽然她时常不会注意到——或者即使她注意到了，她也假装不知道。

艾米莉参加了一个课后体操项目。为了让孩子们能够做翻滚运动，学校走廊上所有教室的门被关闭了，这样他们就可以在走廊上跑步、翻跟头。艾米莉很难完成一些需要动用到大肌肉的运动，她不能完成体操课上的所有正常儿童能做的动作，但她玩儿得很开心。

那堂课开始后，我到达了学校。我还是站在外围，看到那些孩子们站在过道的窗口盯着里面看。我有一种不祥的预感。我走上前去，想看看是什么让他们如此着迷。我用手遮住上方的灯光，望向走廊，眼前的场景让我的大脑一片空白。他们都盯着看的是艾米莉，他们盯着她，指着她，嘲笑她。

我不知道艾米莉有没有看到或注意到。我祈祷她没有。嘲笑她的人已经够多了，不需要再多一个，尤其是她的同学。不过，我还是目睹了他们的所作所为，我异常愤怒。

"请走开。"我说,极力想保持礼貌的口吻。我知道他们只是一年级的孩子。你可能会觉得他们更懂事一点,而他们的父母也会教他们要更善良。

在一年级主流班的学习结束后,我们收到了一封来自洛杉矶联合学区(e Los Angeles Unified School District,LAUSD)特殊教育主管的信。信中写道:"您的孩子就读的学校不是您所居住地区的学校。"赤裸裸地斥责了我们努力为艾米莉寻找入学机会的行为。这封信的目的很明显,就是要让艾米莉退学。

我试着打起精神,把艾米莉目前的处境看作一个有待解决的问题。我一直都喜欢解谜和玩游戏,因为过程中需要提出解决问题的策略。我找到了能帮我解决这个问题的方法。我渐渐了解了那些理论,尽可能地参加每一个会议,包括研讨会、讲座、临时会议、家长会和选区会议。

我听说大长滩地区自闭症协会将要主办一场会议,于是请了一天假去参加。在不到几年的时间内,我第二次接触到了"帮助沟通"(Facilitated Communication,FC)这个理念。几年前,在洛杉矶自闭症协会的伯班克办公室,我第一次看到了"帮助沟通的打字者"。他们大多是较为年长的成年人,虽然我对这个理念有一点兴趣,但它并没有真正打动我。后来,我观看了2011年的长篇纪录片《可怜虫与胡言乱语者》(Wretches & Jabberers),该片讲述了两个在晚年学会打字的中年男子,讲述了他们在获得打字能力后,生活中发生的巨大改变。

在长滩会议上，语言病理学家达琳·汉森（Darlene Hanson）做了一场演讲，重点介绍了她的一个学生——一位正在上大学的年轻女性，苏·鲁宾（Sue Rubin）。达琳通过"帮助沟通"，教会了苏在一个叫作"智能字母"（Alpha Smart）的小设备上打字进行交流。一个念头在我大脑中忽隐忽现，并播下了种子。我想知道，在打字时，自闭症患者的表达是如何实现的？我还去听了一位来自惠提尔学区的女士的演讲。她主张将自闭症患者完全纳入普通教育班级的言论引起了我的共鸣，并给我指明了方向。

她说："当你被接纳的时候，你的孩子也就有了归属。"我下定决心，我们要送艾米莉去的下一个学校，要让艾米莉和我都能完全融入。

她接着说："给他们一个关心你孩子的理由。"我把她的话记在了心里。

我不能再送我的孩子去上学，也不能再相信教育专业人士会带给我们同种程度的关怀和关注。如果我要确保艾米莉走在了正确的道路上，我必须进入她的教室，进入校园，了解学校的日常生活。新学校里的每个人都会认识我，也就认识了艾米莉。我将迫使他们关注到她。

我曾经读过奥利弗·萨克斯（Oliver Sacks）写的一本书，讲的是他曾治疗过的一个神经系统有问题的孩子。在描述那个孩子时，他这样写道："我不太记得这个孩子，但我记得那位母亲。"

我就是那样一位母亲。

我在想办法实施这个计划,虽然我们仍然不知道我们所做的一切对艾米莉是否有帮助,但我们知道她很珍惜我们在一起阅读的时间。每当我们打开一本书,她就会坐下来,专心致志地听。她坐在我们旁边的沙发上,好像在跟我们一起阅读,虽然我们不知道她到底理解了多少。也许她只是喜欢我们的声音。也许这些话听上去只是我们在胡言乱语,她并没有理解。我们也不知道。

阅读成了我们夜晚的主要活动。我们为她朗读各种文学作品——报纸、小说、诗歌。只要是写在纸上的,我们都会读给她听,我们常常读到声音沙哑。

通过聆听故事,我希望艾米莉能逐渐理解语言的节奏和切分音,然后有一天可能会主动开口说话。说实话,我根本不知道她听到的那些话已经被储存在她电脑一般的大脑中了,只等着她准备好分享她的想法,就把那些内容表达出来。

然而,当阅读时间结束,我们把她放到床上时,我们就会感到窒息。虽然不是每晚都如此,但平均每周有三个晚上,在我们为她盖好被子,在汤姆和我安顿好之后,她就会开始竭力尖叫。我觉得我们应该让她发泄出来,就像那个时代的父母被教导的那样,要让孩子学会自己入睡。但是,汤姆并不同意。他担心艾米莉的大脑会受损。在心烦意乱的时候,艾米莉会用手掌根敲打自己的前额。这种情况经常发生,以至于她发际线周围的头发已经停止生长。在她的前额那里,留下了一个永久性的红斑。

"每次她打自己,我就很难过,"汤姆告诉我,"我真的很担心,现在也是,她在伤害自己。太可怕了,我不能让她这么做。"

每当她情绪崩溃,汤姆就会走进她的房间,把他的手放在她的额头上。这样当她想要打自己的时候,反而打到的是爸爸的手。

我担心这么做只会让她更生气。我听得出来:汤姆越想干预她的自残,她的尖叫就越刺耳。她很生气,汤姆的干涉只会让情况更糟。"快停下,汤姆!"

"我不能让她一直伤害自己。"他沮丧地对我吼道。我们两个成年人向对方怒吼着,加上艾米莉愤怒的号叫,整个屋子里的叫声震耳欲聋,我们三个人都很愤怒,彼此都无法和解。

最后,他说服了艾米莉,平息了她的尖叫。当他回到我们的房间,我看到汤姆,我的丈夫被我的女儿抓得浑身是血。我帮他清理了伤口。除了剪掉她的指甲,我们不知道该如何阻止艾米莉这样伤人的举动。艾米莉一次次夜间的发作让我们疲惫不堪。

正是在这样的时刻,汤姆和我认识到我们真的只有彼此,我们至少对此心存感激。没有一个亲人愿意照顾她。我们没有可信赖的人可以雇佣来帮我们分担一点。如果要求朋友来帮忙又太过分了。我们只拥有艾米莉不断提出的需求,完全占据了我们下班之后和睡眠之外的时间。我们觉得自己在整个社会中非常孤立,虽然我们在一起,但汤姆和我经常感到孤独和无依无靠。并不只是我们有这样的感受。如果你去问其他有特殊需要的孩子的父母：你只是做你该做的。我们不是超人，经常都会被我们所承担的责任压得喘不过气来。

为了让艾米莉完全融入班级，我们将她转到我们当地的学校——恩西诺小学，让她进了一个普通的班级。那是二年级。她将是这所学校建校以来第一个入学的自闭症学生。

我履行了自己在自闭症大会上对自己做出的承诺，我一直都待在教室里，在学校的前台办公室帮忙，与老师和校长进行交流，让人们多多关注艾米莉。我成立了一个女童子军团，确保艾米莉也参与其中。我是班级里的家长志愿者，是家长教师协会的副主席。我做了所有尝试。

在助手的帮助下，艾米莉每天都能参与到正常的学习生活中。我可以看出她正在学习理解字母和单词，因为她经常给我带回来一些录像带，她不说一句话，但想让我播放并观看，她看到了录像带的包装，知道这个主题让她感兴趣。她还能用艾丽西娅教她的一种叫作"触碰数学"的方法做一些课后的算术作业。她没有参加考试，也没有参加所有常规的课堂活动，但她以自己的方式在学业上取得了进步。她适应了环境，结交了朋友；她受到了老师的喜爱，学会了适应社会。

（艾米莉的话）

我喜欢待在普通班级里。我一直喜欢和那些我可以把他们看作我想成为的榜样的人在一起，我可以把他们作为我行为的榜样。我在这里都小心翼翼，因为我是自闭症群体中的一员。换句话说，我一直很喜欢与非自闭症患者在一起。与神经正常的人在一起有一种完全不同的感觉，因为与自闭症患者相比，他们很少随意展现自己的不安。他们的行为和态度有着更吸引我的，让我感到充实。我现在也非常喜欢自闭症患者这一群体，但我也知道我真的喜欢待在这里。

我一定是同龄人中脱颖而出的那一个。我可能不能说话，但我总是发出各种声音。另外，我的行为和动作总会让人震惊。例如，如果某件事让我感到快乐，如果这种感受特别强烈，我就会不停地笑，与平时不同，这个时候我的动作可能更加没有规律可循。

很多孩子在这个年龄段都很狂野，从某种程度上说，正因如此我才能融入其中。你可能会认为教室里孩子们聊天的声音会让我不知所措，但实际上，我喜欢待在那样的环境中。

在我上幼儿园的时候，一些老师把我的父母拉进了一个会议室。虽然爸妈可能不记得了，但我清楚地记得。老师们担心我缺乏语言表达能力。他们开始质疑我的所有能力。比如我的年龄，他们觉得可能是我年纪太小了。也许我的听力有问题。也许我的父母隐瞒了我的某种先天性损伤。他们在我在场的情况下组织了这次会议。我当时非常年幼，并不能真正理解，后来我才渐渐明白。但我记得爸妈的反应。他们看上去很沮丧，好像有人在告诉他们我不是他们的孩子。好像这一切都是他们的错。我非常心疼他们。多年后，当我回想起这件事，我觉得我让他们失望了。

我在学校里交到了一些朋友。很多人都认识我，我也认识很多人。但如果有人接近我，他们会主动开始跟我交谈。这就是人们建立联系的方式。我不能表达自己，也就无法建立一段牢固的友谊。不一会儿，那个靠近我的小朋友就会走开，而我也松了一口气，因为我没办法跟他交谈。

有一个女孩过去总是在课间休息时来找我。她会问我："想去荡秋千吗？"

荡秋千是我最喜欢的事情，我想这也是她最喜欢的。

我期待着她来邀请我，然后我们就一起去荡秋千。上小学的时候，我是个快乐的孩子。

学校里有一个操场，我一开始很害怕，但后来我爱上了它。在操场上玩耍对我来说一直是个挑战。然而，我最快乐的事情是我可以按照自己的意愿去适应这个学期，我觉得在操场上我也可以做到。

有一天，我和一群孩子在操场上玩耍。他们拿了一个很大的橡皮球，在营养课开始时就问我想不想和他们一起踢球。不过很快，他们就看出我玩得不好。其中一个女孩开始把球滚向我，而不是把球踢向我，这样我就可以接到球了。我们成功了！我融入了其中。

9

"你想调整你的律师业务吗？"艾米莉上四年级的时候，我们的代理律师突然问了我这个问题。到目前为止，我的法律业务主要集中在民事诉讼和金融事务上。坦白说，我已经厌倦了，厌倦了为各个公司工作，我所做的一切只是提高他们最终的收益，好让他们多赚些钱。

"我从来没有想过这个问题。"我对她说了实话。

"我觉得你应该试一下，我很想让你加入我的事务所。"

虽然她的问题完全出乎我的意料，但这个问题来得正是时候。为了艾米莉，我已经成为一位激进而又无情的活动人士，我所掌握的这些知识和技能可以帮助其他孩子。我知道这听起来很不可思议，但基本上，从艾米莉上幼儿园到进入高中，我每年都会起诉我们所在的学区。当我意识到法律没有为她提供应有的保障，学区在兑现这些承诺方面做得太少，我会拼命地去争取。在这方面，我已经积累了许多经验。

"你觉得怎么样？"那天晚上我问汤姆有关换工作的事情。

"你会做得很好。你这么关心孩子们。还有，你终于接地气了，能和真正的人一起工作了。"他还在嘲讽我的那些公司客户。汤姆自己的职业也有所改变，成为一名法院专员——实质上是一名法官,在洛杉矶审理案件。

不到一年,我就关闭了我的事务所,加入了别人的行列。在开展这项工作的过程中,我逐渐意识到幼儿园老师的价值,以及她们在面对幼儿时展现出的惊人的感知力和敏锐的洞察力。我想起了魔法年华幼儿园的那位老师,还想起了她曾经提到过艾米莉不明白别人期望她做的事情。她很有洞察力。幼儿园老师接触过很多孩子,她们可以注意到孩子们不正常的行为。作为有特殊需要的孩子的父母的辩护律师,我代表了许多家庭。在我们初次见面的时候,我总是会问:"您是什么时候知道孩子有问题的?"我经常得到类似的回答:"我很多年以后才注意到,但一位幼儿园老师曾经告诉过我……"幼儿园老师往往能捕捉到医生、家长和专家在多年以后才捕捉到的细节。

事实证明,我和艾米莉的经验能够为其他类似的家庭提供非常有价值的帮助。

"您怎么了解这么多?"一位客户问我。我告诉了他们艾米莉的情况。我从不隐瞒私事。艾米莉和我客户的孩子们都是一起长大的。

我发现自己很擅长为这些孩子和他们的父母做辩护。在为他们工作的时候,我就像在为艾米莉辩护一样,积极性没有丝毫减弱。我改变了孩子们的生活,也改变了他们父母和兄弟姐妹的生活。有时候,一个小小的改变,比如为他们争取到了一项额外的服务或者是帮他们换了一所学校,都可能给孩子的生活带来巨大的转变。

最近,我收到了一位年轻女士的字条。

"您可能不记得我了,但您在中学时帮助过我。是您让我进入了适合我的班级,从那以后一切都变得很顺利。您的帮助改变了我的生活。现在我过得很好。今年春天我将高中毕业,然后继续上大学。您帮助了我,谢谢您!"

我收到了几十封这样的信件、卡片和电子邮件。除了养育艾米莉,这份律师工作是我做过的最有意义的事。

"你对'帮助沟通'有什么看法?"我在一次会面中问问艾丽西娅。艾略特关了几年和我讨论,当时他十岁,汤姆和我还在寻找解决办法。我想起了我在长滩自闭症会议上第一次遇到的那个女人,达琳·汉森,她在帮助自闭症儿童打字和交流方面颇有研究。也许她能帮上忙。我把达琳的客户苏·鲁宾的经历告诉了艾丽西娅。

"艾米莉也可以做到吗?"我问。

艾丽西娅摇了摇头。"艾米莉有言语交流的意图,"她解释说,"艾米莉显然想让别人知道自己想要表达什么,而且她正在朝着这个方向努力。任何其他形式的交流,无论是手语还是'帮助沟通'这种方法——都可能阻碍她在语言方面的进步。"

"你还认为有可能吗?她有一天会开口说话?已经过去这么久了?"我问道。我已经不抱希望了。

"我相信还有可能。我们应该也不希望任何事情阻碍了她的语言表达。"

我们当然不希望那样。艾丽西娅肯定是对的,我们一直信任她。她一直支持艾米莉。她是专家，她一定是对的。如果学习打字可能会让艾米莉受到干扰，我相信是有可能的。我对"帮助沟通"也不再抱有期待。

艾米莉快上中学了，我们需要为她另找一所学校。不顾其他所有艾米莉的老师们的建议，在艾米莉五年级老师的推荐下，我们开始考虑一些可以替代中学的地方，包括一所被称为非公立学校的特殊教育机构。我担心我在艾米莉的小学目睹的那种霸凌现象会在中学变得更加频繁，因为这是一个所有学生都会面临挑战的年龄段，更不用说那些有特殊需要的学生了。

汤姆决定试试非公立学校，看看是否行得通。"这位优秀的老师向我介绍了她自己，还详细介绍了能够帮助艾米莉的所有方法，"在参加了一所非公立中学的开放日活动后，汤姆这样对我说。这所中学获得了州政府的认证，为艾米莉这样的学生提供特殊的教育服务。"这位老师很不错，这所学校很完美。"

就这样，我们做出了决定。在学区的支持下，我们放弃了本地的公立学校，选择了这种特殊的学校。这与我们一直努力争取的普通教育截然相反，但我们也很高兴。有一位优秀的教育家在我们身边，未来会很美好。

然而，在六年级的第一天，当我们来到艾米莉被分配的教室时，我们发现带班的是另一个老师，他一点也不关心艾米莉，完全不像汤姆之前遇到的那位老师。艾米莉被重新调到了另一个班，而且我们没有得到任何解释。

"我很生气，"汤姆说，"他们换了老师为什么不提前告诉我们，让我们做点准备呢？"

艾米莉的新任老师之前是卖鞋的销售，他是以"应急任证"被聘用的，没有任何特殊教育经验，甚至从来没有在学校教过书。我们聘请了职业和行为治疗师，他们偶尔和艾米莉一起上课，他们会定期向我们报告情况有多糟糕，但我们不知道还能去哪里求助。

我们单独聘请了一位行为学家到学校去看看情况如何。当她还在学校的时候，就已经火冒三丈了，她打来电话，"你必须马上把艾米莉接走。他们不了解艾米莉，对她的能力一无所知。"这位行为学家哭了："老师给了她一模一样的拼图，让她一遍又一遍地拼。简直太离谱了。"

我要求学校提供艾米莉的日常学习课程记录。每天他们都承诺得好好的，说他们会满足我的要求，但他们从来没有做到。七年级半学期过后，我进教室去旁听艾米莉的科学课，让我再也无法忍受。老师放了一段《神奇校车》的动画片，片中的主角弗瑞兹女士给学生们上了一堂课。就是这样。那天我几乎是抱着艾米莉离开了教室，决心把她转到我们当地的公立中学。

"太离谱了。" 我走进屋子，把我的公文包重重地摔在入口处的桌子上，"为什么我们要忍受这种没有能力的老师？" 我刚刚参加了艾米莉新的 IEP 制定。

汤姆到家门口来迎接我："不顺利吗？"

"无能！低能！蠢货！白痴！他们想要扼杀我们提出

的所有要求。" 我踢掉脚上的鞋子,对我刚刚面对的事情大肆抱怨,我想让艾米莉转学到我们当地的中学,进入一个普通教育班。

"我不去。"

艾米莉在楼上,好像听到了我发脾气,但我不在乎。"他们太恶毒了,什么都不懂,没有资格从事教育工作。我当着他们的面,就这样对他们说了。" 我的话回荡在房间。

"瓦莱丽……" 汤姆摇了摇头,然后低下了头。他经常借用我妈妈的话:跟醋相比,蜂蜜更容易抓到苍蝇。我不想抓什么该死的苍蝇,我希望我的女儿受到好的教育。"我们必须跟他们好好相处,这是唯一的办法。"

"我不打算跟他们客气,汤姆。我们没有时间说这些废话。他们拒绝给艾米莉提供她需要的东西,本身就是不道德的做法。" 我已经受够了。

汤姆和我是两种性格的人,在与他人合作时,我们的风格非常不同,与学校管理人员打交道时,这种差异更加明显。汤姆是一个善于团队合作的人、一个谈判者。他真的很擅长与人合作,会向对方表达友善,即便他一点也不喜欢对方。

在我们刚结婚的时候,我们一起参加了一个聚会。一位他很不喜欢的地方副检察官也在场。但是,我看到他走向她,和她聊天,对她笑,然后——我不敢相信——他真的拥抱了她。他是一位辩护律师,而她是一名检察官。本质上他们是敌人。

"你不是说她很讨厌吗?" 当他回到房间来到我这边

时，我低声问他。

"哦，她是很讨厌。"他笑了起来，"但我必须友善些，办事才会顺利。"

而我，在我的生活中、在表达感受时，从来都不会隐藏。相信我，如果我不喜欢某个人，对方就能感受到。我绝对没有能力隐藏我对人的真实态度。不幸的是，在与洛杉矶联合学区打交道时，这种坦诚让我不是很受待见。

那是非常难熬的几年，直到现在，我还是不敢相信我们能挺过来。我们面对的不仅是艾米莉和她的各种障碍还有行为问题——夜里的尖叫、击打和抓挠，即使是最乐于奉献的家长也会精疲力竭——而且还要经常与学校的制度作斗争。我不仅需要反复起诉学区，为艾米莉争取她合法享有的服务，我所做的一切还遭到了行政人员、教师和学区全体人员的憎恨和谩骂。

每次我去参加IEP会议，都会遇到一屋子对我冷嘲热讽的人。大多数情况下，我必须参加这些会议，并向汤姆汇报。每次我都不得不面对几个只想让我赶快离开会议室的专业人士。没过多久，我看到他们都尽量不为艾米莉争取；他们都打着算盘。听起来很残酷，但这是事实。他们的工作是尽可能多地为学区省钱。我的任务是满足我女儿的需求。我们势不两立。

每次，在我走进会议室参加IEP会议之前，我都不得不穿上我想象中的盔甲，抵御那些嘲笑、否定和轻蔑的眼神。会议结束后，我会告诉汤姆会上讨论的内容。他总是很感兴趣，也很支持我，但他不在我身边，他不是那个必须穿上盔甲的人。他没看到他们对我做出的表情。他不能以他想象中的方式保护我。因此我产生了一种我不愿感受到的怨恨。我觉得自己负担太重了——照顾艾米莉，为她向学区争取权利，管理家务，处理律师工作，维持社交生活，维持我和丈夫之间的关系。有时候，我简直不堪重负。

我终于成功地让艾米莉转学到了当地的公立学校。在那里，我遇到了一位科学老师，他看到了艾米莉的潜力。"我觉得她应该去优等科学班，"他说，"对她来说，那是一个更加安定的环境，她在那里会比在普通班级表现得更好。"

我们很激动，无条件地同意了。然而，校长却表示反对。

"艾米莉是一名接受特殊教育的学生，她没有资格进入优等班。"尽管老师提出了为艾米莉调班，校长还是拒绝了。

每当我们对这样的决定提出疑问，那位校长就会以讽刺的口吻说出同样的话。

"你知道这个学生有什么特别之处吗？她的父母才是最特别的。"他，一位专业的教育工作者，一个校长，嘲笑为孩子争取权益的我们。

后来，我不得不给这位校长写了一封警告信，那位决定录下艾米莉在课堂上的样子以证明她没有资格进入普通教育班的人。我在信里的措辞很严厉，就是因为这样，事情也一次次地越来越糟糕。

艾米莉长大了，青春期成了一个问题。对于我告诉她的任何事情，我总是无法判断她到底理解了多少，所以我没有对她详细解释月经是什么,没有让她有所准备。我只是留心观察有没有需要被解决的问题。有一天,我在洗衣服的时候看到她内裤上有血。

"艾米莉,亲爱的。"我带她进了浴室,给她看了一盒卫生巾,"你来月经了。"我让她脱掉沾有血迹的内裤,递给她一条新的。"所有女孩子都会来例假,不需要担心。如果再出现这种情况,你需要使用一张卫生巾。"我教她怎么用。她一点也没有排斥。但没过多久,汤姆和我就注意到了艾米莉体内荷尔蒙的变化。在她来月经的前几天,以前我认为不可能的事情发生了:她的崩溃变得更糟,尖叫变得更刺耳,整个人更加烦躁。

我一直有严重的经前综合征,现在同样的荷尔蒙问题又严重影响了艾米莉,就连汤姆也受到了影响。"我感觉自己也有经前综合征,"他说,"真快受不了了。"

我和一位妇科医生聊了聊,她建议让艾米莉服用避孕药来调节她的生理周期,让她体内的荷尔蒙平稳下来。艾米莉服用了一剂药,让她在两次月经期间有了三个月的喘息时间。当我们开始服用粉色药片时,我非常留心,因为她就要来月经了。

也就是说,在这段时间里,我们尝试着让艾米莉拥有自主意识。我们定期与她沟通,让她有能力塑造她的世界,能够控制它,成为一个掌握自己命运的人,我们不能替她做决定。

我们让她在一所面向科技的特许学校就读九年级和十

年级，但进展并不顺利。随着学业负担的加重，学生们纷纷退学去了其他学校。我们都希望她能坚持待在这里，不想再转来转去。直到情人节那天，上十年级的她发生了一件事，改变了一切。

我刚刚把艾米莉送下车，正盯着她有没有进学校，这时我注意到学校门口站着一个男孩，手里提着一大篮玫瑰。每个女孩走进校门时，他都鞠一下躬，并送上一朵玫瑰。情人节的甜蜜举动，很有爱吧？

当艾米莉走近时，他拿出了一朵玫瑰。太有爱了，她会很高兴的。

就在艾米莉伸手去接花的时候，他把花抢了回来，并嘲笑她。我能看到她的表情，那一刻的不安、困惑和刺痛。我真想从车里跳出来，跟那个年轻人当面对质，骂他是个浑蛋，向校长举报他，对他大喊大叫。我真想把花从他手里抢过来给她。然而我没有这么做，我不想引起更多的注意。但这一切都很明显：这是一种伤害，也让艾米莉非常尴尬。她看上去很伤心，耷拉着肩膀，低着头走开了。我感到一阵恶心，坐在车里哭。

从艾米莉最近的表现中可以明显看出，她觉得自己在学校里得到了更多的认可和友善的对待，这与我对那些年的记忆恰好相反。是的，有一些朋友和熟人对她表现出了友好，但许多同龄人没有，他们冷漠无情。所以，要么是艾米莉没有注意到——但我注意到了——她更关注人们说了什么，而不是他们的行动——要么她只是选择了对那些冷漠的行为置之不理。不管怎样，我都能从她处理这些事情中学到很多东西。

伯明翰高中属于我们居住地所在的学区，全校有3000名学生。我想知道她是否能够接受伯明翰高中的学习强度。相较于其他学校，这所学校的竞争压力较小。我不知道她是否能管理好自己，在那里能不能开展正常社交。我们很快就能知晓。

在参加IEP团队会议的过程中，我们讨论了去伯明翰上学的问题，并确保艾米莉在特许学校所具有的服务也在伯明翰继续享有。不过学区明确表示，他们不会让艾米莉继续参加普通教育课程。在艾米莉像一名正常的学生学习了数年之后，他们现在提议让她回到特殊教育班里，也就是我们十年前逃离的那种班级，这种班级会再次将她与其他正常的同龄人隔绝开来。在IEP会议上，我尽量不让自己爆发，却无法控制自己。

"她已经证明了她可以学习那些内容，而且不影响正常的课堂教学。"我尽量控制自己的脾气，想要表现得跟汤姆一样，但每次IEP会议后，我都想去最近的墨西哥餐厅，点一壶玛格丽特酒。

最终，我们让她成功进入了伯明翰的普通教育班。

在经历了初中和高中前几年的折磨后，她奇迹般地来到了伯明翰，这也是她需要的。很快，她就在班上收获了友谊，然后整个校园里，都有人喜欢她。她成立了一个在午餐时一起吃饭的女生团体，叫"午餐帮"。这些女孩都很喜欢她。当她们听说今天是她的生日，她们就为她准备了蛋糕和点心，想要给她一个惊喜。艾米莉就像身在天堂一样；她觉得自己很受欢迎，很高兴能在学校读书。她还加入了艺术课程，甚至还负责帮护理办公室召唤其他学生。其中一个只邀请分数（Grade Point Average,GPA）最高的孩子参加的社团向艾米莉发出了邀请，不过是非正式的。她的成绩还没有到及格线，但社团还是为她留了位置。她的照片和其他成员一起被放进了纪念册当中，她还获得了一件社团的文化衫。在这个社团里，她无法像其他人一样做事，但她确实有在活动中帮忙，比如切水果，比如去任何需要她的地方。结束了在伯明翰的学习后，她获得了学术表彰。一开始，合唱团的老师在课堂上对艾米莉很没有耐心，她们之间相处得不好，但另一位音乐老师还是对她表示了欢迎。她的伯明翰之旅就这样开启了。

我们要注意的是，像艾米莉这样的孩子在各个方面都发育迟缓。当她的同学们都沉浸在青春期的痛苦中时，她落后了一大截。她的大脑或许能完成同龄人正在做的事情，她的身体也来到了排卵期和拥有其他成熟的标志，但从行为和社会角度来说，她远远落后于同龄人。高中的孩子们正在性生活、抽大麻、喝酒开车等问题上做出选择，他们都在享受一种全新的独立状态。艾米莉没有纠结于同样的问题，她还没有成熟到可以做出这些选择，仍然相当依赖我们和她的助手。例如，如果我不告诉她她来月经了，她可能不会注意到。她除了不会说话之外，与同学之间还有一种隔阂。

每当学校举办舞会和毕业舞会这样的活动,我们的加入就像是在冒险。

"如果能带艾米莉去舞会,我儿子会非常高兴。"在艾米莉高一的时候,她的一位朋友的母亲这样说。这位女士的儿子是一位阿斯伯格症患者[1],他几次邀请过艾米莉去他家。

"您确定吗?也许您的儿子已经有人邀请了。"这个男孩从来没有对艾米莉表现出好感。舞会当晚,艾米莉待在家里就可以了,或者汤姆可以带她去。

"不,不,"那位母亲坚持说,"我们会带她去的。"她说,连忙纠正了自己,"他会带她去的,他们会玩儿得很开心。"

我担心这个提议是她母亲自己提出来的,但她一直坚持。我把这个消息告诉艾米莉后,她很兴奋。大多数高中生都想被邀请参加毕业舞会。

艾米莉做了头发,化了妆,涂了指甲。我们买了一条新裙子和一双新鞋。我为这个年轻人订了一枚胸花,打算开车载着他们俩去舞会,并安排一名助手陪着艾米莉,在舞会期间,如果需要的话,他会在一旁协助。

再过几天,舞会就要开始了,我放松了下来。一切都会很完美,她会玩得很开心,我没必要这么担心。

"怎么样?"我和汤姆去接他们回来时,我问了助手。

---

[1] 译者注:也叫作高功能自闭症,通常那些接近"正常"或看起来接近"正常"的自闭症患者会被诊断为高功能患者,或称为阿斯伯格症患者,他们聪明且善于言辞。

她简短地对我摇了摇头。与此同时,男孩一言不发地上了车。第二天,助手告诉了我们舞会上发生的事。

"不太好。艾米莉尽量让自己不受这件事的影响,"这位助手说,"但很难。"当他们去舞会时,那个男孩不想和艾米莉跳舞。他没有和她坐在一起,也没有试着和她交流。汤姆和我听说这个男孩因为患有阿斯伯格综合征所以在社交方面有困难,但最近他被邀请加入了学校里的"受欢迎"小组。显然,艾米莉作为舞伴会影响他的"社会地位"。这位助手说:"他想尽一切办法努力跟她保持距离,在需要为他们拍合照的时候,他断然拒绝了。"

摄影师很快意识到发生了什么,并批评了这个男孩,尽力说服他要体贴一点、礼貌一点。还是没有什么用。他拍了一张男孩的单人照,然后又拍了一张艾米莉的单人照。

我很难过。我真希望那位母亲从未唆使她的儿子去参加舞会。如果艾米莉和汤姆一起去,或者即使错过了这场舞会,她也不会在意。她不需要这样的一段经历,也不应该受到这种羞辱。

几周后,预付的舞会照寄来了。艾米莉和这个年轻人同框了。这怎么可能呢?他拒绝与她合影。后来我想明白了:摄影师一定是对所发生的事情感到很抱歉,所以剪接拼贴了他们俩的单人照。

这是一个暖心的善举,我被他的行为感动了。不过,我还是把照片收了起来,放在了一堆账单下面。

艾米莉在郊区的那所公立高中快乐生活着,所以舞会那晚对她来说只是一个小插曲。同学们都认识她，也喜欢她。我和汤姆也去参加了返校之夜的活动，当我们和艾米莉一起走在校园里时，其他学生大声喊着她的名字，还跟她打了招呼。和她一起上舞蹈课的几个女生都很喜欢她，偶尔还会邀请她参加她们的活动。圣诞节的时候，她们邀请艾米莉去商场购物。

我非常感谢那些女孩们，我给艾米莉和她们买了印有驯鹿的节日衫。她们穿上后都非常可爱，艾米莉也非常高兴能成为她们中的一员。我全然忘记了这前的种种担忧，只记得那天那群女孩们的善良和美意。

十年后，我站在台上对台下的人进行演讲，这是一群刚刚接受过培训，即将成为行为助手的年轻人，他们能够帮助约三百名艾米莉这样的学生。在演讲中，我谈到了高中阶段学会包容的重要性，以及与正常同龄人在一起对艾米莉这样的自闭症患者来说有多重要。演讲结束后，一位正在接受培训的年轻人走到了我面前。

"您提到的艾米莉是在伯明翰高中上学的那个女孩吗？"她问。

"是的。"

"我是在圣诞假期带艾米莉去逛商场的女孩之一。您给我们买了几件印有鹿的T恤衫，"她回忆着，想要唤起我的记忆，"我现在从事这份工作，全是因为艾米莉。"

她告诉我，是艾米莉给了她灵感。她在学术课和舞蹈课上看到了艾米莉，注意到艾米莉身边有一个助手。她观察到艾米莉在助手的帮助下能够完成一些事情，从此这个年轻女孩的人生就被改变了。现在，她正期待着为另一个年轻人提供艾米莉所拥有的那种机会，并最终成为一名语言治疗师。

"如果我没有遇到艾米莉，"她说，"如果她一直被关在一个特殊需要的教室里，我的职业规划永远不会变得清晰。这都是因为艾米莉。"

回想起从前艾米莉那些痛苦不堪的日子，我也必须记得，艾米莉也为他人生活带来了很大的影响和启发。是的，她没有跟高中同学近距离地交谈，她没有闺密，她参加的舞会没有像"定格这一瞬间"那样有仪式感。她总是距离青春期只有一步之遥。不过，我们走在学校的大厅里，或者在校园外遇到孩子们，他们都会跟艾米莉打招呼，并向她致意。她身边聚集了很多人，在那所约有三千名学生的高中，几乎每个人都认识她。她的存在启发了所有人。当她从伯明翰毕业时，对我们所有人来说都是一个高光时刻。

（艾米莉的话）

在我差不多十三岁的时候，妈妈说出门在外的我应该要开始学习为自己负责了。也就是说，出门我需要开始带上钱包。妈妈为我挑选了那个钱包——她是来卫负责采购的人，当然，她总是会征求我的意见。钱包是灰色的，有一条长长的肩带，没有其他花哨的装饰，但很实用。妈妈让我带上钱包和钥匙、手机、身份证，还有女性卫生用品。我还学会了如何刷信用卡。

起初，我觉得背着钱包很麻烦，但妈妈坚持要我带。她还教我如何使用家里的报警系统——虽然让人有点害怕，但我觉得自己有了一定的控制权和独立能力。以往这些事情都是别人为我承担的，现在我需要学会自己去做。一旦了解了这些事情的原理，我就有了动力，就会去学习。

到了高中的时候，我知道这是一个认识许多朋友的年龄，可以和一群人一起出去玩儿或者聊天。我错过了很多这样的机会。不过，我还是交了一些朋友，我可以跟他们进行交流。我有一个助手，她鼓励我更多地与人交流，但我在交流这方面很胆小。我明白她想鼓励我上前，但在我心里，我是为了念书，努力专注于学术而非社交。不过，我和很多孩子都很熟悉了。

有一个男孩，喜欢戴着耳机听音乐。他递给我一只耳机，我用一只耳朵听，他用另一只耳朵听。我觉得耳机里播放的流行音乐不是我喜欢的，我更喜欢古典乐，但我高兴我们分享了音乐。这样的互动很棒。

学校里还有一个非常善良的男孩,他不是自闭症患者。他总是会主动跟我打招呼。他从不逗留太久,这很好,因为这可能会让我感到不自在。我们都知道我不可能长时间地与人交谈或者做其他事情,但他叫我"艾米莉小姐",我想说,这让我感到有人关注到、看到了我,而不仅仅是看到了患有自闭症的我。

我认为外界对不能开口说话的人有太多偏见,人们也会对我们做出种种假设。我发现大多数人只是了解得不够多。人们觉得你不够聪明,也认为你无话可说。

进入高中以后,我不确定我是否能够与他人真正地交流,虽然我的脑海中有一幅"我能"的画面。但我相信这是可能的,我一直有这种信念。

不过,让我最与众不同的是,我不像其他大多数人那样经历过青春期。大部分青少年都会畅想,有一天从家里搬走、去交男朋友、去上大学,或者去做其他事情。这些都是青春期里自然而然发生的事情,但我知道这些事情不会按部就班地发生在我身上。我不知道将来我会面临什么。随着年龄的增长,这些问题也越来越紧迫。"如果妈妈不能再为我发声了,我到底该怎么办?"这个问题让我感到焦虑。

10

（艾米莉的诗）

唤醒之地

也许我找到了我的归属但谁能确定
也许这里也没有一个人知晓
也许在这里 我将告别那个陈旧的我
也许这里能让我走出泥沼
也许人们从不掩饰他们的内心
没有人知道
人们不善于倾听 我会更努力地表达 但不是用声音
走入人群中 成为群体的一员 一起向前
也许只是教室里摆了那一张桌子
也许这里是我开始做自己的地方

"我马上就报名，听起来很适合我儿子。"
"我也要报名，那里的设施很棒——你去过吗，就在海滩边。孩子们会在一起玩儿，几乎不会注意到我们不在身边。"

"这趟旅途会很棒,这是最完美的选择。"

这句话在家长中间传开了,这些家长是我们在贝斯沙洛姆山谷遇到的朋友,他们的孩子都是有特殊需要的年轻人,他们都觉得拉古纳新建的设施让这里成了应许之地。

每位家长都很激动,争先恐后地为自己的孩子报名。

"太远了,"汤姆说,"七十五英里。那是什么概念,如果堵车的话,差不多要三小时?"

"但是,对艾米莉来说可能是件好事。"我建议道。

"你知道,很多正常的孩子在高中毕业后都还没有准备好自己独立生活。有时候他需要在家里待上一两年,上社区大学,然后才算为离家做好准备。如果正常的孩子还没有准备好迈出这一步,我们是不是对艾米莉要求太高了?"

"但艾米莉可能已经准备好了。"

"她刚刚高中毕业,是不是有点太快了?"我们决定去实地看看。说实话,到了这个时候,我们既想让自己休息一阵子,又想让艾米莉有所进步。汤姆和我都身心俱疲。高中一结束,除了我们为她安排的活动外,艾米莉以往参加的活动都停滞了。这段时间,她每日每夜都在尖叫,也越来越频繁。我们经常被她抓得鲜血淋漓,看起来就像人肉针垫。事实上,她已经拥有了一个成年人的体魄,有了成年人的力量,但她的症状没有得到任何缓解。我们需要制定一个计划,让她有事可做。

仲夏的一天,汤姆、艾米莉和我开了很久的车来到著名的拉古纳海滩,这是奥兰治县的一个小型沿海艺术家社区，是一个冲浪胜地，这里经常举办艺术节、开设画廊，也是一个海洋保护区，还有能欣赏美妙海景的徒步小径。

"你觉得怎么样，艾米莉，你想试试住在这里吗？"我不知道她听懂了多少，但她很乐意。

这些原是汽车旅馆的房间，现在改建成了看护卧室，专门为有发育障碍的青年提供，所有房间都面向太平洋。我们被告知，工作人员会帮助住户制定自我护理程序，让他们学习如何计划自己的膳食和日用品的购买、学习管理自己的财务，并学着做家务。一间可以玩游戏和一起玩耍的公共休息室在向我们招手，仿佛向我们保证了孩子们能在这里增进感情并收获友谊。这里有很多吸引人的地方，首先它位于舒适的拉古纳海滩社区内，给我们带来了希望，我们的孩子们，这些青年们可以融入某种小镇生活了，他们会获得一种归属感——在偌大的洛杉矶是不可能的，像艾米莉这样的自闭症患者很容易迷失在喧嚣中。

我与工作人员交谈，向他说明了艾米莉的情况："她有行为障碍。"

"不用担心，我们可以处理。"

"她非常不善言辞。"

"没关系，我们可以帮助她。"

我们这群家长的热情高涨到了极点。8月，这个地方就会对外开放。"如果你想让她参加，最好马上为她报名，等你反应过来就已经满员了。"我们唯一的另一个选择是加州大学洛杉矶分校的项目，但艾米莉有表达障碍和行为问题,校方已经拒绝了她以住校生的身份入学。学校告诉我们可以让她以走读生的身份入学,因为他们不能应对她的行为问题和交流障碍。

选择这种海边生活当然是更好的。然而,我们无法想象她会住在离我们这么远的地方。没有我和汤姆为她遮风挡雨,她将如何应对那么多的日常挑战?

"你觉得怎么样,艾米莉,你想住在这里吗?"

"想。"

我们在一楼为她挑选了一个离活动中心最近的房间——我们不想让她住在上面的某个楼层,那样她会更孤立。随后,我们开车去为她购买用品。为准大学生当父母,肯定就是这样的感觉了。我们不知疲倦地辗转在寝浴百货、塔吉特百货和康泰纳连锁店里,买了成堆的灯具、床上用品、洗漱用品和毛巾,甚至还买了一个装洗漱用品的箱子,一个洗衣篮,一扇浴帘,一把椅子,还有几样挂在墙上的艺术品。我们的家看起来像一个仓库。我们买了太多东西,多到需要租一辆面包车来搬运,应该够她用了。

海边社区开放的那天,我们开车南下,为艾米莉搬家。其他孩子也都在那天搬了进去。家长们忙忙碌碌,从汽车和卡车上卸下物品,搬运椅子、床单和家具。工作人员在混乱中引导着大家:现场完全是一片混乱。

在我们为她整理房间的几小时里,艾米莉很好地控制了自己的情绪。

"艾米莉,我为你准备了一份特别的礼物,"我递给她一个小礼品盒,"纪念这一天。"

她兴奋地撕开了包装纸,拿出了我订购的手工项链。这条吊坠项链挂的是一个扁平的银匙,上面饰有水晶花,挂在一条长长的银链上。以防万一,我把她的名字,还有我的名字和电话号码都刻在了背面。

在我们精心整理、装饰过后,房间焕然一新;所有筹备工作都是值得的。我们从她的窗户望出去,看到了太平洋宁静的海景。别的父母和其他年轻人也来参观艾米莉房间的装饰。

"我喜欢那些灯。"

"这个房间太棒了。恭喜你,艾米莉。"

"真是愉快的一天。"

工作人员向我们介绍了艾米莉可以在格林伍德之家体验的所有事情。

玩纸牌或棋盘游戏,进行艺术创作或拼拼图。

她有些不知所措。这里有那么多人,周围有那么多信息。她当然很困惑。

在我们到达后的几小时内,工作人员开始担心艾米莉,担心她适应不了,担心她会出问题。他们一直观察着我们。这一天就快过去了,艾米莉开始焦躁,面对汤姆的时候,她变得很有攻击性。她抱住他,用指甲挖他,弄疼了他。

"谢谢你热情的拥抱,艾米莉。"汤姆轻松地开着玩笑,挣脱了艾米莉的拥抱,但还是被一位女员工看到了。她无可奈何地摇了摇头。

广告中宣传说这个社区能够给自闭症儿童和表达障碍儿童提供帮助,但大多数居住在这里的都是患有唐氏综合征的青年。这里几乎每一个人都有认知缺陷。我不知道这个地方对艾米莉来说是否合适。另外,那个工作人员一直对我们心存怀疑。

我们为艾米莉安置好了房间,把她的衣服收好,为她戴上了项链。她和大家一起吃了晚饭,然后她需要一些时间独处。

"好了,艾米莉,我们要走了,明天早上见。"

我们拥抱了她,和她吻别,把她留在她的新房间里,然后去了一家酒店。

如果能重来一次,我想这次的经历不会那么糟糕。如果我在附近给自己租个房子,住在那儿一个月左右,这样就可以帮助艾米莉适应新环境,这才是最佳的办法。不过,当时我们还没有考虑清楚。

第二天早上,我们回到社区准备为她走向独立表示祝贺,准备为她迈向成年的这一步击掌庆贺。当我们进入居住区时,空气中弥漫着松饼和炒蛋的味道,工作人员正在清理刚吃完的早餐餐具。我希望她也享用了一顿丰盛的早餐。她喜欢吃松饼。

走进她的房间,我们被吓了一跳。艾米莉站在那里,身上还穿着她的睡衣,茫然,不知所措。昨天被来访者连连称赞的那些灯被打翻在地,其中一盏灯还坏了。曾经这是一个完美的房间,现在所有东西都被打翻在地。我为她做的项链已经断裂成碎片。早餐时间已经过了,没有人来探望她,没有人邀请她一起去吃早餐,没有人来确认她是不是吃过了。

她房间里的每盏灯都亮着,灯泡还在发热。它们已经亮了一整夜了。她很有可能是想关掉这些灯,却在尝试关灯的过程中撞倒了它们。她可能是不知道怎么摘下项链去睡觉,而且没有人来帮助她,所以把项链弄断了。她明显疲惫不堪,痛苦不已。

后来我了解到,她整晚都没睡,很可能一直站在那里,手足无措。就像当年她还是婴儿时一样,那时候,她还是个婴儿,被独自留在了婴儿床上,沮丧又不安。

我的心都碎了。我们对她做了什么?我把她抱在怀里,想要安慰她,虽然她拒绝了我的拥抱。我看着她的眼睛,但她转移了视线。

"你想回家吗?"我问道。

"想。"

我不知道我是想崩溃大哭,还是想怒斥他人。

我只知道我很难过,我需要保护我的孩子,那些人不能真正照顾她,却接收了她。差不多十八小时前,我们才布置好这个房间,现在我们要开始收拾打包了。

"您在做什么?"当我搬着一把椅子回到我们租来的面包车时,一位工作人员经过我身边,他感到不解。

"我们要离开,带艾米莉回家。"

"为什么?"

"别人告诉我这个地方能够满足语言障碍自闭症患者

的需求。"我尽量克制自己,不让自己爆发,"显然不是。"

"这是谁告诉你的?"他问。他没有找借口,而是把责任推给了我,暗指我是那个不了解情况的人。我气到无话可说。

在报名之前,我已经和工作人员讲明了无数次。我们一遍又一遍地说明艾米莉会面临的困难。他们一再向我保证,他们可以满足她的需求。很明显,他们做不到。

我们做了那么多努力,艾米莉的情况却变得一团糟,真是受够了。那些为她房间精心挑选的物品,我都送给了其他住户。那些还在包装里可以退回的东西,我们就带了回去。我们把我们的女儿和那几样物件塞进面包车,回到了安全地带,回到了家。

"请问,我们还有机会吗?"我在接下来的周一早上打了一通电话,"我知道现在可能来不及了,新学年也开始了。我们原本以为还有其他的选择,但现在加州大学洛杉矶分校看起来是最好的选择。我们可以加入吗?"

我之前已经与加州大学洛杉矶分校的衔接项目取得了联系,但还没有跟区域中心[1]沟通,这个机构位于加州,主要为参加这个项目的学生提供支持和服务。现在我需要让这两方都参与进来,这项计划才能顺利实施。首先,加州大学洛杉矶分校同意接收艾米莉。谢天谢地。我们需要为艾米莉

---

[1] 区域中心是私人的、非营利性的公司,他们与加州发展服务部签订合同,为发育障碍的个体提供服务和支持和/或协调相关资源。

制定一个计划。如果她整天都待在家里，和我们在一起会变成她唯一的娱乐活动，这是绝对不行的。

接下来我打电话给区域中心："如果她参加衔接项目，需要立刻获得一对一的支持：你们可以提供帮助吗？"

他们可以。就像奇迹降临一样，事情进行得如此顺利。如果她注定成为加州大学洛杉矶分校的一位走读生，那就让她去吧！我们会成功的。

这是一个为期两年的衔接项目，为智力发育不良和其他发育障碍的学生提供教育机会，增加他们的社会经验和职业经验。这个项目在宣传中有一个很大的亮点：学生可以与加州大学洛杉矶分校的学生上同样的课程，还可以跟他们一起参加名校的社交娱乐活动、体验同样的文化生活。至少某些时候，艾米莉有机会与其他爱动脑、爱学习的年轻人在一起。这非常有吸引力。艾米莉很聪明，如果周围有和她智力水平相当的人，她会进步得很快。这个项目对她来说是一个更好的选择。

艾米莉以走读生的身份完成了第一年的学习，我们为她重新找了一个机构，这个机构为自闭症谱系患者提供基于社区的服务和生活助理方面的服务。史蒂文和他的助手卡桑德拉是那家机构的负责人。史蒂文自己当过助手，已经对这一行业非常熟悉了。我们和他成为朋友，他经常来我们家做客。

"我知道你们想让艾米莉住在学校里，"有一天他来访时告诉我们，"我一直在考虑和卡桑德拉一起开一家自己的公司。艾米莉可以成为我们的新客户，我们可以为她提供全天候的帮助,这样她就可以在加州大学洛杉矶分校独立生活了。"

"你知道她需要的不仅仅是日常生活技能吧?"我问道。"她的行为可能是一个问题,还有她不会开口说话。"

"我明白,我们帮助过她很多次。"

"你愿意为她这样做吗?这是一份艰巨的工作。"

"我向你保证,我们会为艾米莉尽一切努力,我们能够做到。"

史蒂文离开后,汤姆和我讨论了一下。那次惨败——格伦伍德事件已经过去一年半了。我们甚至不确定我们是否想让她继续参加衔接项目,因为项目的进展不似如期。艾米莉从来没有与加州大学洛杉矶分校的学生在一起参加活动。我们仍然希望她能够体验并融入集体生活。

现在,有了史蒂文的承诺,再加上他对艾米莉的了解,一切都是有可能的。我们和史蒂文一起制定了一个计划,让艾米莉在学校住两年。

我们在学校附近租了一间一居室的公寓,然后去科特(CORT)租了家具。我们选了一张沙发放在客厅里,我们还尽量挑选了一张高质量的折叠床,是为被雇来陪艾米莉过夜的助手准备的。我们想让他感到舒适。我们还挑选了所有的必需品:床、餐具和电视。

很快,公寓就布置好了,我们与史蒂文和卡桑德拉制定了一份由区域中心提供服务的二十四小时看护计划。护工会帮助艾米莉学习日常技能,比如做饭、洗澡、打扫房间等,负责带她去参加大学的衔接课程和课外活动。

她刚搬进公寓时,适应了一段时间。过了一段时间,我和汤姆开始享受这种自由。我们可以一时兴起出去吃顿饭;安排一个周末出去玩;如果我们想喝酒,就可以喝上一杯,享受一段属于自己的时光。在全心全意照顾艾米莉二十多年后,我们努力重新培养我们之间的感情。

与此同时,艾米莉正在进步。星期天,她会回家清洗衣物,和我们一起吃晚饭,其余时间我们可以做我们想做的事。真是一种解脱。

然而不久之后,电话就接二连三地响起。

"今晚负责看护艾米莉的护工感冒了,我们没有其他护工来替补,今晚您需要和她待在一起。"

"我们在全食超市(Whole Foods Market)出了点事,艾米莉情绪崩溃了,我需要您马上过来。"

"原本明天上门的护工辞职了,如果艾米莉要去上课,您需要自己开车带她去。"

虽然机构的义务是为艾米莉提供全天候的护理,卡桑德拉或史蒂文还是会定期给她打电话。有一次,我们周末外出旅行,在从机场开车回家的路上,她的护工打来电话:"隔壁的人听到艾米莉一直在尖叫,他想报警。"

"别,别这样。请您告诉他我们马上就来,我们会处理的。"

我在一边安抚着艾米莉,汤姆去见隔壁年轻人,向他解释说艾米莉是自闭症患者,打电话报警只会让事情变得更糟。

"他好像只有二十岁,"汤姆说,"一个大学生。我觉得他还不能完全理解,但他答应不会报警。"

我们想知道艾米莉在没有我们的世界里会如何生活,但我们总是被拉回原点。我非常沮丧。

"简直太可笑了,"我告诉汤姆,"他们的工作就是要确保她身边会有工作人员。天知道他们的工资有没有发。"我不该相信史蒂文。

"也许你可以带她去看电影或做些什么,弥补足球比赛被取消的遗憾,"在原定的外出活动因天气原因被突然取消后,我对艾米莉的助手马西娅说。艾米莉一直都很期待这次出游,当事情发生了变化而她又不完全清楚发生了什么时,她可能会发火。

几小时后,史蒂文打来了电话:"听着,瓦莱丽。够了,真是够了。马西娅听了你的话带艾米莉外出,然后艾米莉反应过来她们不是去踢足球,她完全失控了,又开始尖叫,又开始攻击别人。现在马西娅拒绝照顾她,我不知道该怎么办。"

"你保证过你能照顾好她。"

"你应该为她安排行为治疗,艾米莉太过分了。"

"艾米莉需要的是有人清楚地告诉她发生了什么还有为什么。"

"我们已经告诉她了,但是完全没有用。真正需要改变的是她的行为。"

汤姆也觉得是艾米莉的行为有问题。"我担心的是她的崩溃,"他后来对别人说,"我们需要控制她的那些行为。

瓦莱丽比我了解得更多。她知道艾米莉有交流障碍,她能以一种我做不到的方式去理解艾米莉经受的挫败感。"

在某种程度上,虽然我知道她的行为与她的交流障碍有关,我们还是为她安排了其他的行为矫正治疗。如果艾米莉清楚地知道事情的缘由,她是完全通情达理的。我是说,我知道。如果事情发生改变而她不知道发生了什么,这时候她就会感到不安——这是可以理解的。就连我也会这样。

她不像我,她不能对周围的人说:"请您对我解释一下,我不明白。"

11

2016年1月,卡桑德拉打电话告诉我们警察在艾米莉加州大学洛杉矶分校公寓的那个晚上,也意味着艾米莉的独立生活体验宣告结束。我们与史蒂文和卡桑德拉以艾米莉为基础客户组建的机构基本断绝了关系。对他们来说,艾米莉带来的麻烦远远超过了她能为机构提供的价值。当我们接到电话时,我们觉得我们面对的敌人是机构以及自闭症。

我向艾米莉的心理医生沃尔夫博士讲述了这件事。

"是的,这些就是常见的情况。那些护工,那些机构——他们不会去了解自闭症患者。他们永远不会去解决问题。"我们也有同样的感受,但不知道该怎么办。我们结清了她公寓的租金,向区域中心汇报了这件事,把租来的家具搬走,就这样了。我们又回到了原点。

我的电脑屏幕上出现了一条新闻报道的链接,上面写着"亚利桑那州的警察枪杀了一名患有阿斯伯格症的女性",我的心怦怦直跳。

那是在加州大学洛杉矶分校项目失败的两周后,我正在办公室里回复电子邮件。我和汤姆决定让艾米莉从加州大学洛杉矶分校的公寓里搬出来,让她和我们一起回家,我们就像战败的士兵一样。艾米莉似乎也被打败了。我们雇佣了玛尔塔·阿马亚，让她在我们上班的时候帮助艾米莉。就像我们在她生命中的大部分时间所做的那样，我和汤姆又回到了从前，在下班后、在周末照顾艾米莉。

但是，达拉斯新闻让我大为震惊。我读了这篇报道，了解了这位二十四岁的女性被凤凰城地区的警察开枪打死，仅仅是因为一位关心她的朋友提醒警方，她可能有自杀倾向。受害者之前在优兔（YouTube）上上传了一个很受欢迎的视频，讲述了她中度亚由阿斯伯格症引发的情绪崩溃때，为她提供帮助的那只罗纳威犬安抚了她的情绪并阻止了她的自残行为。据报道，面对警察的时候，这名女子挥舞着一把刀，打算砍在自己身上。现在她已经死了。

在那一刻，我们多年来辛苦所做的一切都变得清晰起来。我意识到，如果艾米莉不尽快学会沟通，她就会成为下一个被枪杀的人。当她在拉尔夫杂货店、乔氏超市、塔吉特超市对护工尖叫或抓伤他们的时候，在她需要克制和控制自己的时候，我和汤姆都曾无数次被叫去进行干预。如果我们没有办法在这些事件中进行干预，警察就会到场，然后……

我开始喘不过气来了。

警察早就已经认识了新闻报道中的那个女孩，但他们还不了解艾米莉。没有什么能够保护她，不让她最终倒在警察的枪口下。

那天晚上，我把那篇新闻给汤姆看，他也很难过。因为他一直是一名刑事辩护律师，所以当他看到警察反应过度,他非常敏感。"我一看就知道这件事完全失控了,结局很可怕,"他说,"我非常害怕。"

行为学家总是会为某一件事寻找原因:是什么激怒了这个人?是什么触发了情绪崩溃?有时,我们可以找出一个前因——艾米莉没有得到她想要的饼干,所以她大发脾气。但更多情况下,她的爆发没有什么前因后果。现在我第一次看清了形势。不是因为那块愚蠢的饼干。艾米莉的崩溃没有明显的预兆,因为这些行为都代表了她无法沟通的沮丧。她不能告诉我们哪里出了问题,这就是问题所在,这就是原因。如果我们不能找到一种方法来帮助她释放这种愤怒并与我们沟通,后果会很严重,甚至会致命。

我在谷歌上搜索了这个话题,看到一个患有阿斯伯格综合征的十五岁男孩被警察开枪打死了,当时他拿着一把牛排刀。

一项研究表明,在 2013 年至 2015 年间记录的所有警察暴力执法事件中,有三分之一到一半的案件涉及某种形式的残疾人。在马里兰州,一名患有唐氏综合征的年轻人在试图重新进入一家电影院但拒绝再次购票后,被警察杀害。案件发生之初,媒体报道就暗指受害者患有残疾才是悲剧发生的主要原因。另一个案件中,弗吉尼亚州的一名坐在图书馆外的自闭症男子与一名警察发生争执,随后他被电击并被逮捕。

如果艾米莉与警察或当局发生类似的对峙,她不能表达,而且举止古怪,有时还有攻击性行为,她可能会有同样的下场。我无法为她抵抗一切，不过，我们还是要有所行动。

我们已经试过了所有能想到的方法。我们积极了解也寻求了世界上所有的行为治疗、语言障碍矫正、社交治疗、精神病治疗、职业治疗和语言治疗的方法，甚至反复尝试了部分方法。我们咨询了全国各地的几十位专家，跟进了网路上的每一条信息，甚至听取了各种各样的建议。我们花了一大笔钱在治疗和方法上，想要为艾米莉提供帮助，却无济于事。情况变得更加糟糕。我们必须做出改变，她的沟通能力毫无提高，而倾听力就提高。

我在达琳·汉森（Darlene Hanson）主办的会议上遇到了黛博拉，她是一位神经心理学家，在认识她之后，她帮助我更好地理解了自闭症。我参加了那场会议，因为我对"帮助沟通"又重新燃起了兴趣。虽然艾丽西娅·艾略特曾劝阻过我，但"帮助沟通"可能是艾米莉的一条出路。

在会议中心日光灯的刺眼光芒下，我向黛博拉倾诉，告诉她艾米莉的情况、加州大学洛杉矶分校的事件、凤凰城的警察杀死年轻女子的事件以及我的恐惧。

"我应该怎么做？"

"我会打电话给佩吉·谢弗，"黛博拉建议，"她负责这方面的所有工作，包括运动和平衡、核心力量训练，这些是艾米莉进行打字交流的基础。我会先去那里。"

我照做了，每周开车一次送艾米莉去四十英里外的长滩。佩吉对艾米莉的身体平衡和姿势进行理疗，让她坐在一个大号的球体上，进行扔球练习——这些活动旨在训练她的核心力量，并在某种程度上让她做好沟通的准备。我希望她能够尽快学会使用键盘，在生理上准备好以这种方式进行交流，但这似乎需要接受更复杂的训练才能实现。

"您觉得艾米莉什么时候才能准备好尝试打字交流？"在接受了几个月的治疗后，我问佩吉。我感到很沮丧，"我们有任何进展吗？"

"哦，她还需要很长时间才能准备好。"佩吉说。

我不能接受这个答案。我直接给"帮助沟通"的专家达琳·汉森打了电话。尝试接受治疗没有什么坏处。彼时，我已经通过我的法律业务了解了达琳的专业性。

"您的办公室离我们太远了，"我解释道，"我希望我们附近有人可以为艾米莉提供帮助。"

"实际上，我们有一位很专业的年轻女士正在休产假，但她下个月就会回来工作，"达琳说，"她是帮助艾米莉的最佳人选。她叫琳赛·古德里奇。要我来安排吗？"

"好的，麻烦您安排一下，我们需要一些调整。"

一个月以后，2016年3月，琳赛，一个三十岁出头的年轻女士，就站在了我们家的门口。她大约有一米七三，一头红棕色的头发，面带着富有感染力的微笑。

我几乎立刻放松了下来。她的身上带有一种宽慰人心的魔力，她似乎也掌握了很多专业知识，很快，我就接受了眼前这个人。

"艾米莉，到这儿来，我想让你认识一个人。"

几分钟后，这两位几乎同龄的年轻女性像失散多年的朋友一样一起坐在了沙发上。

不过,琳赛还有一项工作要做。她来这里是想看看艾米莉是否可能学会打字交流。在评估期间,她对艾米莉很友好,但也相当直接。

"你能指出字母'R'吗?"琳赛问,她举起一个压成薄片的字母板,就像一个放大的键盘,然后等着看艾米莉会不会配合,"我们要拼出一些单词。让我们从'红色(Red)'开始。"

我们的想法是,如果艾米莉可以开始在这个放大的键盘上"打"出单词,琳赛就可以记录这些单词,最终,艾米莉可能会开始输出她对整个世界的体验,而不局限于琳赛要求她输入的具体内容。她可能会开始真正地和我们交流。

然而,无论琳赛怎么努力,对于跟她一起打字,艾米莉一点都不感兴趣,尽管她很喜欢琳赛到家里来。琳赛尝试了不同的方法——使用电脑键盘、指着图片,让艾米莉完成造句。艾米莉有些反应,但没有什么实质性的进步。

我仍然抱有希望。我是一个固执的乐观主义者,有时乐观得有点过头,但这种乐观并不足以支撑我度过接下来的日子。

琳赛的导师达琳·汉森来到家里进行观察,评估当下这一阶段的治疗并提出建议。在和艾米莉互动了一会儿之后,我询问了达琳的看法:"艾米莉能学会打字吗?"

"我觉得不大可能。以我的经验来看,打字交流最适用于那些几乎没有语言能力的人。艾米莉能够说出她的名字,还有个别单词。她能够表达的已经很多了。""我很抱歉。"

已经很多了?她几乎不会说话。我很受打击。艾米莉只能从嘴巴里说出几个单词,其中许多单词非常含糊不清,根本让人无法理解。我很难接受达琳这个结论。我们走投无路了。

"不要放弃希望,"达琳知道我很痛苦,"琳赛也接受过语言治疗方面的训练,我会让她和艾米莉一起练习发音,看看我们能不能让她的语言表达更加清晰。"这是一个糟糕的办法,但也是我们唯一的办法。

在接下来的五个月里,琳赛每周都要来家里待一小时。她们一起读故事。琳赛会根据故事向艾米莉提问,看看她是否会开口回答,以及她如何回答,或者她会不会通过打字来回答——但通常她不会回答。

(艾米莉的话)

在加州大学洛杉矶分校,我的护工没能理解我的意思。这就是问题所在。

这一天终于结束了。我很累,她开始在白板上写我明天要做什么。她写下的要么是错了,要么就是计划被改了——现在想起来有点模糊了。我想要表达我不同意她写的东西,但她还在继续写。真的,她就是无视了我。

我与其他护工的相处不是这样的。即便我不能解释到底哪里错了,他们也不会继续在白板上写字,他们会告诉我哪些计划有变。又或者有时候,她们看到我心烦意乱,就会停下手中的事情,直到我们达成共识。

但是这个护工一直在写,完全忽视了我。

"不!"我说,用了一个非常坚定的词,一个我知道别人能明白我意思的词。但她还在继续写。

"不,不,不!"我又说了几遍。

她继续写着,好像我什么都没说。她没有试着弄清问题出在哪儿,坦白地说,我很怕她,我很担心自己不被理解。为此我感到忧虑,压力很大,如今我的身边总是围绕着那些不理解我的人,她们不明白我需要知道发生了什么。反过来,她们也没有帮助我去理解。

我越来越害怕。如果她现在不明白我的意思,那么如果一件更严重的事情发生了,而她又不懂我的意思,情况会怎么样呢?所以我有点抓狂,尽我所能让她停下来,想要引起她的注意。

她跑出了公寓,当门在她身后砰的一声关上时,她被锁在了外面。

然后该死的警察出现了。面对一个像我这样表达能力有限的人,他们还没有做好准备。他们问了许多问题。

"发生什么事了?"

"你叫什么名字?"

"门是怎么锁上的?"

我无法回答他们的任何问题,恐惧占据我全身。警察们的存在和我的挫败感让情况恶化。然后经营这家公司的女士出现了,她给我爸爸打了电话。当爸爸来接我的时候,我非常高兴。他是不会伤害我的。

在我离开学校的日子里,我在家里过得很开心,也很难过离开了加州大学洛杉矶分校。我承认,有一部分的我是乐意待在学校的。我本不想回家,但当爸爸妈妈让我搬回来时,我也不再紧张了。但是,在那之后,我的悲伤越来越强烈。

加州大学洛杉矶分校的生活并不完美,有时会很有压力,课程很无聊。我经常想家。与其他学生或我的同班同学相比,我没有跟上进度。同时,我会想起我在家里舒适的生活。我的父母很理解我,他们在我需要的时候给了我空间。在加州大学洛杉矶分校生活是一个挑战,尽管我想去那里学习。

然而,在结束了学校生活之后,我最担心的是爸妈会对我失望。真的,我只想让他们感到欣慰。

我也担心我的未来。我真的不知道接下来会发生什么。我的父母会为我安排一切,但我前不久才切断了我们唯一的出路。我不想让他们觉得我是他们的负担,但他们的表情是绝望的。我猜他们也不知道接下来会发生什么。

然后我遇到了琳赛,我立刻就喜欢上她了。她对我的态度和大多数人都不一样,在她身边我感到很安心。

和琳赛在一起,我觉得她了解我的内心,她相信我,这对我来说是一种激励。她总是直接跟我对话,像个成年人一样与我交谈,总会确认我的感受。我已经离不开她了。

在和她一起用字母板训练时,有几次我会很沮丧,她也看得出来。她真的很善解人意,她会说:"不能说出自己的想法,一定很沮丧吧!"她理解我。这并不意味着我突然发生变化,不再乐意保持沉默。我也不能说曾经的沉默让我很快乐,虽然我很满足。也许是因为我所知有限。我的整个生活都建立在表达障碍所带来的挫折之上。其他的我什么都不知道。

当琳赛第一次想让我通过打字来交流时,我觉得太难了。我无法真正理解她让我做的事情,因为那些问题我可以用语言来回答。她让我输入自己的地方,从最简单的单词练习开始。这些训练好像并不会带来什么实质上的进步。

我不太明白她想让我做什么。我发现她以前就问过我同样的问题,我也回答过,那她现在为什么要我把我的回答打出来呢?比如她会问"你叫什么名字",显然她知道我的名字。这些训练不像其他事情那样令人沮丧,只是非常令人困惑。

琳赛主要对我进行语言治疗。我们做了很多我在其他语言治疗课程中做过的事情,实际上并没有取得进展,但我还是努力配合。

12

（艾米莉的话）

我想跟你们聊聊我的一些自我刺激行为。如果我发出声音，这种刺激表明我在思考，也有可能是我生气了或是我很兴奋。如果我发出有音律的声音，就表明我在思考或学习。

我有很多类似的自我刺激动作。左手食指拍打右手。这是我经常做的。这个动作代表了很多东西，但通常是因为我感到挫败。我觉得，这个动作带给我的刺激可能太大了，就好像仅仅是做这个动作就会让我陷入一种更糟糕的崩溃。这可能是我需要努力控制的地方，我觉得这个动作对我来说没有好处。

我一开始就感受到挫败，部分原因也是在于我自己。有时候，我觉得体内的那个自闭症儿童接管了我的身体，所以我会做出这些自我刺激的行为。这就是问题所在。我甚至不能控制自己的身体。我必须跟她交谈。所以我会发出声音，同时我也有身体动作上面的一些刺激行为。这些行为都出现在了她的青少年时期，这个问题非常严重。

如果我用右手触摸右耳，同时发出尖叫声，表明自闭症儿童正在思考。触摸耳朵就像在触摸大脑。我发出声音就代表我有所发现或厘清了某种联系。

如果我用食指拍打左耳,也表明我感到挫败。我真的会对自己生气,因为我的大脑没有理解到我想要理解的信息。有时候我会用不止一根手指。

如果我来回摇晃,就说明我感到舒适,摇晃的感觉就像幼时我被熟悉的毛毯裹着,这个动作就像在摇篮中被哄着入睡。

如果我用左手手腕打自己的头,这就很糟糕了,这是我意识到自己丢掉了喜欢的东西。

"我们很想邀请你、汤姆还有艾米莉和我们一起去爱尔兰。"飞跃边界(Leaps n Boundz)的一位负责人找到我,希望我参加他们正在研发的海外探险项目。这是一个社会服务机构,专为有特殊需要的人提供适应性的体育、娱乐和社交活动。艾米莉会定期去他们开设的场地,而且很享受她在那里的时光。这是我们在经历了加州大学洛杉矶分校的失败后,为了充实她的生活而想出来的办法之一。

这个机构提供的大部分服务是由赠款方和州政府资助的,但像去都柏林这种旅行服务需要家庭单独支付费用。

我觉得跟艾米莉去国外旅行这个想法非常棒,这是一个让她更多地了解世界的机会,而且这个机构会全程提供保障,他们经常为她提供服务和帮助,知道她的极限在哪儿,他们都很理解她,也清楚她可能会带来的麻烦。我们会加入一个三十人的旅行团,其中有七位是自闭症青年,同行的还有他们的家人和助手。虽然其他自闭症患者的表达能力都很弱,但他们的语言表达能力还是比艾米莉强得多。她也有可能做得到。

汤姆预订了这趟旅行。"在家照顾艾米莉已经够难了。"他说。她的情绪崩溃变得越来越频繁。如果她在国外变得很有攻击性怎么办?这趟旅行可能就是一场噩梦。可能对她来说,这种出游要求太高了。

"难道你不想和她一起去看看爱尔兰吗?去探索这个国家,走出洛杉矶?"

"我当然愿意,我只是担心。"

我们犹豫不决。旅行社的人肯定想杀了我。我取消了预订,又重新预订了,我不知道订了多少次。我还去找了沃尔夫医生给艾米莉开了一大堆镇静剂,好让她在旅途中保持冷静。她有很多焦虑的情绪,其中一些来自她敏感的感官系统。我们谨慎地用药,只在有需要的时候让她服用,以帮助控制这些症状。

"不要超过建议剂量就好。"沃尔夫医生说。

"我们要在飞机上待很长时间,"我对艾米莉解释说,"我们是在夜间飞行,你的座位会变成一张床。你可能会睡上一整晚,等你醒来的时候,我们就在都柏林了。"

她点了点头。

到了出发的那一天,艾米莉异常兴奋。她很早就知道了我们的这次旅行,为了向目的地致敬,她穿了一件绿色T

恤，还戴上了头巾。我们在机场与同行的人碰头并合影留念。艾米莉笑个不停。

登上飞机后，艾米莉对周围的一切都非常好奇，她观察着，研究着，检查着。她坐下来吃晚饭，然后穿上睡衣就睡过去了。一切都非常顺利。

在都柏林，我们登记入住了酒店。"飞跃边界"派来了一位有行为干预经验的工作人员随行，以帮助我们的团队。只要有需要，她就会为我们提供服务。我们已经为我们的欧洲探险之旅做好了准备。

我们和飞跃边界的其他人一起乘坐了一辆二战时期的水陆两栖装甲车（也被叫作"鸭子船"），开启了我们城市观光之旅。我们了解了维京时代的都柏林，参观了圣帕特里克大教堂和基督城大教堂。我们坐在造型奇特的交通工具上，看到了圣三一学院、政府大楼和乔治亚时期的都柏林。当鸭子船在U2录音室附近的大运河码头坠入水中时，整趟旅途最精彩的部分即将到来。我一直对这一部分满怀期待，希望艾米莉也会喜欢。我闻到了海风的味道，慢慢站了起来。当我们这辆"巴士"坠入水中时，乘客们情不自禁地鼓起掌来，现场气氛多么有感染力，我也情不自禁地开始鼓掌。

我看了看艾米莉。她在环顾四周，面无表情，无动于衷。

随后，飞跃边界的工作人员开始招呼年轻人们去参观矮妖博物馆。按计划，父母们被安排去吉尼斯啤酒厂参观、品尝。虽然这个安排一直都在计划的行程中，但在去乘坐城市公交车的那一刻，我们都感觉这个安排出现得太突然了——我们这两个小组即将分道扬镳。

我转身对艾米莉说："我们现在要走了，我们要去……"我们想让她做好准备，但她和其他孩子都被推搡着下了巴士。我们分开得很突然，我可以看出艾米莉很不高兴。

当我们的公共汽车驶离时，艾米莉站在都柏林的路边，一脸困惑，她在疯狂尖叫。

在之后的旅程中，她也尖叫了很多次。

"你能不能打电话给爱尔兰航空公司，看看我们能不能直接回国？"我问汤姆。

"我觉得不可能。"

有了别人转让出的回国机票，我们心里就有了底。如果情况不妙，我们随时可以回家。不过，我们漂洋过海才来到这里。在那次尖叫之后，艾米莉平静了下来。我们可以再给这趟旅途一次机会。另外，我想在爱尔兰四处走走看看，我一直想参加这次旅行。

接下来的行程是到贝尔法斯特去参观泰坦尼克建造地。汤姆感冒了，他选择留在都柏林，所以艾米莉和我一起坐上了大巴，车程一共三四小时。

在车上，她变得焦躁不安，开始自我刺激，她发出叫声并拍打手指。我们没办法继续下去了。

团队里的一个孩子让情况变得更糟。

"她能不发出噪声吗？"他不停地说，"她会停下来吗？"

听到他的话，我相信艾米莉也很生气。

与此同时，我不停地和她说话，想让她平静下来。我不想喂她吃药。每次行程稍有变化，或者等待时间过长，或者吃到了奇怪的食物，艾米莉就会表现出即将崩溃的迹象。我想从一开始就扼制住艾米莉任何可能爆发的情绪。即使我使用了镇静剂，也无济于事，所以我不会再给她喂药。如果艾米莉变得焦躁不安，除了和她说话，我也无能为力，或者渐渐让她平静下来，让她忘记不安。

我们在基尔肯尼（Kilkenny）参加了一段幽灵之旅，一位穿戴整齐的导游带我们穿过城市的街道。艾米莉也去了，但她并没有特别感兴趣，也没有留下什么深刻印象。虽然在那段旅途中，她的行为没有出现任何严重的问题，但我不知道她到底喜不喜欢这趟旅行。漫步在基尔肯尼或这趟旅途中的其他城市，观察人们，感受一下这片异域土地上的生活，这才是真正吸引她的地方。

驯猎鹰和投掷比赛也在计划中。她看着汤姆和我双手戴着皮手套站在那里，让一只鹰落在我们身上，但她对猎鹰术并不感兴趣。她允许老鹰站在她肩上。然而，她却很喜欢掷球。掷球是一种起源于古爱尔兰盖尔人从事的户外团体运动，运动员用一根木棍（叫作"一掷"）将小球击入对方的球门。每当我们和别人在外面做事情的时候，她都喜欢尝试投掷，不管是在公园散步，在城堡周围散步，还是在餐厅吃饭。

与此同时，旅途的艰辛也带来了负面影响：我们睡在不同的地方，不断地移动，陌生的声音、环境和景象，人群熙熙攘攘，周围十分混乱。每过一天，艾米莉就会更加焦虑不安。

虽然我知道我的想法有点可笑，但在行程中，有一站对我来说是这次旅行的亮点。我们要去布拉尼城堡。每个人都知道，亲吻那里的巧言石（Blarney Stone）会让你变得能说会道。我有点迷信。这种想法有点荒谬，但为什么不试试呢？艾米莉就有可能会说话了。亲一下那块著名的石头当然不会有什么坏处，也许艾米莉自然而然地就有了说话的天赋。

巧言石（Blarney Stone）是一块石炭纪的石灰岩，于1446年被镶嵌在城堡的墙壁上，但人们对它被放置在那里的原因以及它为什么赋予亲吻者绝佳的口才仍有很多争议。城堡本身就是一个受欢迎的旅游景点，吸引着来自世界各地的游客。据报道，温斯顿·丘吉尔（Winston Churchill）和威廉·霍华德·塔夫脱（William H. Taft）都是来这里寻求口才能力的游客。

现在，艾米莉·费斯·格罗丁也来到了这里。

然而，要亲吻这块石头并不容易。这个人必须被抱住，同时向后倾斜才能碰到石头，这个人基本上是倒立着的。我不知道艾米莉会有什么反应。

当我们到达布拉尼城堡时，那里已经挤满了游客。一艘当地的游船想要靠岸，所以遣散了那里数百名游客。我们团队的时间很紧，必须配合大巴时刻表。当我们到达城堡，看到亲吻石头的人们排起了长队，我的心猛地一沉。我真想让她亲一下，我们远道而来。我觉得自己很可笑，但我……

我注视着排队等待机会的人们。我知道艾米莉绝不会为了安慰我而站在那里排队，就算我能说服她，我们也没时间了。如果有，她可能无法忍受亲吻石头的过程。那些细菌怎么办？如果不来这里，我可能没有那么失望。

我们游览了花园和礼品店，在整个过程中，我感到自己的情绪越来越低落。差不多该走了，我们得回到车上去。我拉着艾米莉的手，我们正要朝停车场走去。

"来吧，跟我走。"

汤姆跟在后面，不知道发生了什么事。

"布拉尼石，布拉尼城堡。有什么区别？"我匆匆穿过城堡的场地，"据我们所知，它们可能是一样的东西。也许是城堡拥有魔法。"

我领着她来到城堡僻静的一边，远离其他游客，来到一块长满青苔的石板前。

"好吧，艾米莉，"我说，"亲吻城堡吧！"

她一定以为我疯了，我相信汤姆也是这样想的。

我向她模拟示范了一下怎么做。

她照我说的做了，她笑了，她觉得我一定是疯了。她确实亲吻了城堡。有什么不一样吗？这样想真是太可笑了。不过，我很庆幸我坚持让她这么做了。

(艾米莉的话)

在那次爱尔兰之旅中,我最喜欢的部分是我心目中那趟非同一般的海外旅行,比旅行本身更有魅力。我的确喜欢和父母一起旅行——他们是非常有经验的旅者。我还记得爱尔兰美丽的风光;我确实喜欢看到一个与我每天所处的世界截然不同的天地。我很享受这种异国的体验,而且那里跟我自己的家是多么不同,这给了我很多惊喜。爱尔兰带给我很多古老的感觉,我觉得这一切就像穿越回了另一个时代。我从未有过这样的体验。

不过,我还是很害怕,因为从出发前的所有准备来看,这次出游是一件大事。我离家那么远,即使在紧急情况下,我也不能回家。在我们出发之前,我不觉得坐飞机是件可怕的事,但当我第一次坐上飞机,坐了那么多个小时,我发现它会没完没了地飞下去。那种感觉就像恐惧慢慢占据了我全身,我太难受了。

我真的很想去国外看看,但我并没有真正得到我想要的那种体验。我很失望,因为我没有能力为了我的父母而让这次旅途变得难忘。

起初,我很高兴能来到爱尔兰,但这种感觉逐渐消失了,我真的很想回家。

13

如果让艾米莉亲吻巧言石是走投无路的父母想要尝试的迷信办法,是他们希望女儿能突获表达能力、能够证明她实际上比现实更聪明、更有能力的最后希望,那么治疗自闭症和语言障碍的专家们会认为我们与瑞秋合作尝试过的"帮助沟通"也是完全没用的。

艾米莉十三岁的时候,我们第一次尝试了"帮助沟通",但没有任何效果。当我们把她从加州大学洛杉矶分校接回家时,"帮助沟通"真的是我们唯一还没有尝试过的治疗方法。现在,我们不知道这个方法有没有用,我们没有办法保证从前尝试过无效的方法能在其他方法无效的时候奏效。就这样,我们尽力去配合"帮助沟通"的治疗,就像我们尝试过的许多疗法一样:我们尝试,看它是否有效。

替代性和辅助性交流(Alternative and augmentative communication, AAC)是一个涵盖多种交流类型的总称,包括指向图片、字母或物体,或使用手语,这些方法在自闭症和残疾群体中受到广泛认可和高度推崇。"帮助沟通"是AAC的一种类型,人们通过在键盘上打字来表达自己,一般来说,一个交流助手会在旁协助,他们可能是老师、父母、语言病理学家或朋友。

通常情况下，交流助手会提供一个字母板，它就像一个打印键盘，被透明塑料覆盖。他们会要求当事人指着字母，一个接一个地拼出所要求的单词，例如，当事人的名字，单词"猫"或"狗"，或者颜色"红"。与此同时，助手会帮助当事人保持打字动作的稳定，帮助他们按下正确的字母。他们会在后方提供阻力，通常在当事人的肘部，可以起到减缓当事人指向速度和/或帮助克服当事人的冲动。这份助力也防止了当事人重复敲击目标字母。

交流助手也应该通过口头鼓励和激励当事人来提供情感和交流支持。这一点尤其重要，因为许多通过打字沟通的人都有高度的焦虑感。此外，助手还提供交流支持，以帮助当事人保持专注，并澄清含糊不清的表述。例如，如果当事人说一句话说到一半停了下来，他的助手可能会说："你想把这句话说完吗？"或者复述这句话，让当事人回到想要表达这句话的思维当中去。在这样做的过程中，交流助手表达了对当事人的尊重，也对当事人的能力有了预判。

后来，在艾米莉取得突破后，我认真地回顾了琳赛这些方法，我发现一切都是有道理的。如果动作和计时方面的障碍是艾米莉无法进行沟通的根源，那么有一个可以提供稳定性、能弥补做动作和计时方面的缺陷的助手可能就会有帮助。

后来，面对为她提供支持的交流助手，艾米莉是这样评价的：我的助手在很多方面都帮助了我。我的情绪控制能力很差。我需要有人来帮助我组织想法，而当情绪出现时，我就会陷入恐慌。我是这样一种人，在接到任务后我就不会停下，会一直朝着目标努力完成，我也知道需要休息，但我不会停下来。我的交流助手帮我认识到这一点，不然我会再次陷入恐慌。

雪城大学交流与包容研究所在他们所提供的"帮助沟通"培训中明确指出，交流助手不应该完全改变或引导当事人的想法。

交流助手的存在是为了提供支持，而不是为了影响谈话。然而，现实并不总是如此。很遗憾的是，这种方法也因此招致怀疑。

现如今，如果你在网络上搜索"帮助沟通"，你会看到许多人对此持谨慎的态度，甚至有人怀有被欺诈的恐惧——我非常理解这种想法。随着时间的推移，自闭症群体中有太多的人已经被阴暗和站不住脚的治疗方法所欺骗，这些方法都是建立在父母的绝望和希望之上，希望自己的孩子可能会有某种奇迹般的突破。当然，我们应该保持谨慎。同样，在癌症患者和其他群体中，当希望是大家唯一所求，情况也是一样。不过，为了更好地理解这些负面评价和批评，我们还是有充足的理由去审视它们。

多年来，有几个曝光率较高的例子——自闭症患者给出复杂的回答——后来被证明是假的。研究发现，交流助手实际上"引导"了自闭症患者给出答案，通常他们会将自己的手放在自闭症患者的手上。在某些情况下，交流助手会在不知不觉中完成这种引导——从本质上说，产生了"显灵板效应[1]"。这种方法被称为"叠手法"，已经不属于"帮助沟通"的正确实践范畴。

还有一个引发关注的案例是罗格斯大学伦理学教授安娜·斯塔布尔菲尔德（Anna Stubblefield），她为一名患有脑瘫的男子提供沟通帮助。《纽约时报》在他们的"新闻调查"专栏上报道说："在他沉默了近三十年后，她握着他的手，帮助他打出了单词。"斯塔布尔菲尔德爱上了这个男人，并相信她的感情得到回应，因此开始与他发生性关系。男子的家人却不这么认为，于是安娜被逮捕。一审过后，斯塔布尔菲尔德被判对这名男子犯有两项一级严重伤害罪，理由是男子没有能力表示同意。最终，案件被推翻，她被判了一个较轻的罪名，但已经让"帮助沟通"沾染上了污名。

然而，仅仅因为斯塔布尔菲尔德案，或者因为几个助手操纵结果的案例，就认为所有的"帮助沟通"都是不可能的，这种观点与狂热推崇这种方法的行为一样没有说服力，也是很危险的。想想看，就像癌症治疗一样：某种特定的治疗只对某些病人有效，并不意味着任何人都不应该接受这种治疗。

在这些对"帮助沟通"的批评中，最令人气愤的观点之一是基于这样一种不可靠的、赤裸裸的傲慢逻辑：因为某些自闭症患者能够做一些看起来相当于独立打字的事情——例如，打开设备并玩电子游戏——为什么他们需要打

---

1 译者注：显灵板源于19世纪美国人对招魂说的着迷，人们相信显灵板是会说话的奇妙木板，能以惊人的准确度，回答你对过去、现在和未来的疑问。

字的"支持",为什么需要交流助手陪伴左右?换句话说,为什么他们不能独立打字呢?这种逻辑没有考虑到自闭症患者经常面临的神经和感官障碍。事实上,这种想法完全不符合事实:忽略了自闭症患者、特别是那些缺乏口头表达能力的人在认知上是有限的,这类人应该被视为智力残疾。尽管这些结论是错误的,尽管包括艾米莉在内的许多人通过"帮助沟通"展示出了高水平的智力和洞察力,但批评者对这种方法的否定在很大程度上是由斯塔布尔菲尔德和其他高曝光率的案例所致的,"帮助沟通"也招致许多医生和语言治疗师的公开反对。

自那以后,许多大型的、有影响力的协会都利用这些案例来诋毁 FC,如美国言语语言听力协会(American Speech-Language-Hearing Association,ASHA)。实际上,这些协会采取了强硬的立场,让许多有可能从治疗机会中受益的自闭症患者陷入更无解的困境。如果残疾人权利是关于赋予个人尊严和选择,那么对自闭症患者及其家人来说,这种僵化的立场是让人愤怒的。

几年前,美国言语语言听力协会发表了一份声明,称"帮助沟通"是"一种不值得信赖的方法,不应该使用"。反对的声音出来得很快,而且带有愤怒。2018 年 7 月 17 日,由二十三个公民和残疾人权利组织组成的全国联盟呼吁美国言语语言听力协会撤回其声明,声称协会立场带来的后果"几乎肯定会侵犯公民权利"。反对的力量来自一个群体,这个群体深深相信并高度寄希望于"帮助沟通"。

这个联盟声称，美国言语语言听力协会的立场是站不住脚的，因为抛开其他原因，他们的立场是基于毫无根据和歧视性的假设，即有语言相关障碍的人不能进行复杂的思考。此外，协会的声明是在内部关起门来制定的，没有听取患者、专业人士或拥有该方法经验的协会成员的意见。

尽管存在争议，但"帮助沟通"一直在蓬勃发展，因为在某些情况下（当然不是全部情况），它为那些没有出路的个人提供了一种真实的、能够实现的沟通形式。雪城大学、堪萨斯大学和新罕布什尔大学等大学都在继续研究"帮助沟通"，研究者们都认为这是一个合法的研究领域。

不用说，"帮助沟通"并非对每一个人都有效。然而，对那些语言交流能力有限的人来说，这是另一条应该考虑的出路。对艾米莉，对许多有语言障碍问题、运动调节问题、语言启动困难的人来说，"帮助沟通"已经被证明有效。

2020年5月，《科学报告》发布了一项小规模的同行评议研究，探讨了通过"帮助沟通"产生的交流信息是不是打字者的真实想法。这项研究使用头戴式眼球追踪设备对无法说话的自闭症患者进行调查，研究了"帮助沟通"中所提出的"交流代理"——想要辨别打字者是否才是真正思想的传递者，而不是交流伙伴。研究发现，对当事人/打字者的输出进行提示和引导是"不太可能"的。

"从速度、准确性、时间和视觉固定模式来看，参与者都指向了他们自己选择的字母，而不是他们的助手指示的字母"，因此，研究者得出结论："所以，一概否定辅助性自闭症交流是没有根据的。"

以下是艾米莉对美国言语语言听力协会说的话：

声明不谦卑

轻视我们的病况
又站在一旁嘲笑
你未对我说一个字
却自称了解我的想法
我向你打字
你的回应是不满
外人不知道
你们会有多卑劣

就是现在
你选择无视我的胜利
卑劣的天性就是如此
选择无视的人
尽管前来示好
实际却是敌人
我能够表达自己
你的力量就会被削弱
正视你的恐惧
因为很快
我会变得越来越独立

14

（艾米莉的诗）

内心无声的咆哮

我已经感受到，内心那一场风暴
是无法表达的感受
是万千思绪的重压
是情绪
是想法
都无法浮出水面
我需要另寻出路，让我的声音被听到
让世界看到，我和其他人一样
在思考，在呼吸，在体验
我的思绪像一阵旋风
心乱如麻，却又一片空白
最深的秘密，被锁了起来，在自己的脑海中思忖
这就是，我的处境
礼貌地说，这个女孩不会说话
就像我们的肺需要氧气来呼吸

她不能以自然的方式组织她的言语
她的快乐,她的悲伤,一个青春洋溢的女孩的喋喋不休被埋葬了
她被困住了
在这些没有说出口的话中,一场风暴正在酝酿
力量和强度不断升级,它需要逃离
渴望现实世界中登陆
但我的表达都是一片片微小的碎片,一滴滴小水珠
只能代表我内心的冰山一角
世界将听到的是笑声、尖叫声以及他们无法理解的声音
而我怎么能表达更多?
当我的语言无法描绘广阔的世界,我又如何开始描绘微小的细节呢?
我被留在了风暴中,只有我和风暴
我和那些没有说出口的话一并被遗忘了,只有我和那些话
脑中的疑问和想法,将我永远留在风暴中
有人会认为,这是一种财富
是有时间和空间,可以彻底地思考
就像一种内在的哲学,经过充分实践,但永远不会太匆忙
但有什么意义呢,我与那场风暴
只有我知道

那是2016年8月，我们被困在一架载有二百七十三名乘客、横跨大西洋的爱尔兰航空公司（Aer Lingus）客机上，当时飞机离洛杉矶的家只有四分之三的路程。这次旅行中的挑战小菜一碟，我对即将发生的事情毫无准备。

在都柏林机场候机时，情况就开始变糟了。在过安检的时候，我脱下鞋，脚砸在了坚硬的金属上。我的小脚趾立刻变得青一块紫一块的，发炎并肿胀了起来。我想我可能已经骨折了。我一瘸一拐地上了飞机。

"我女儿有自闭症，"我在座位上向乘务员解释道，"她有时会表现得不正常。我想提前告诉你们，以防万一。"

这位空乘真的很有耐心。"哦，我知道。我有一个患有自闭症的侄子，我知道他们有时候是会发作。您不用担心。"他甚至为我肿胀的脚趾拿来了冰块。

飞机一起飞，我就意识到我们在食物方面遇到了麻烦。由于某种原因，那趟航班提供的餐食本来会比较符合艾米莉的胃口。但现在，当我仔细浏览这趟航班的菜单时，我意识到这些食物对她来说都会出问题。一般来说，以防万一，我会为她带上吃的，但这次我什么也没带。我只带了垃圾食品，薯片和饼干——在我的包里。这将是一次十小时的飞行，我们恐怕是做不到。

我叫来另一位空乘人员，向他说明了情况："你有没有，意大利面或者一些她吃的普通食物？"这名空乘人员想办法找到了一份已被预订的意大利面，但没有人认领。太好了。

飞机上的大部分时间里艾米莉都在睡觉，所以我没有注意到我们两人座位之间的那个小屏幕。我们在商务舱,座位可以倾斜成一张床,而现在,我的座位和艾米莉的座位之间有一个屏幕,我很难绕过它去看她在做什么。我们在白天飞行,所以她不想睡觉。我试着让她戴上耳机,听会儿音乐,看看视频。任何可以让时间过得快一点的方法,她都不愿意尝试。她坐在那里,几乎一动不动,盯着面前空白的屏幕。时间一小时又一小时地过去。

"我帮你把床放下,你可以睡个午觉,怎么样?"我尝试着。

"不。"

她开始发出一些小的噪声,偶尔在她眼前翻动手指。时间一久,她的声音越来越大、越来越频繁,手指的动作也越来越大,她表现出了所有情绪崩溃的前兆。为了阻止她体内酝酿着的风暴,书中所有的技巧我都尝试了。我给她注射了镇静剂。在爱尔兰,这样做并没有什么帮助,但这是我仅有的办法了。

到了第八小时,也就是我们计划在洛杉矶降落的两小时前,大坝决堤了。艾米莉的尖叫声开始响起。飞机上的每个乘客都能听到她的崩溃。她声嘶力竭地尖叫。坐在我们附近的孩子很害怕,畏缩在座位上。而大人们要么是害怕、要么是恼怒。坐在经济舱的"飞跃边界"的行为助理试图进入商务舱帮忙——她在飞机尾部的座位上清楚地听到了艾米莉的痛苦——但空乘人员不让她进入。他们不理解这种情况。同时,商务舱的空乘人员一直要求我安抚艾米莉。

面对崩溃的她,我已经尽力了。

最艰难的是:她也很痛苦。她想要控制自己,不在三万六千英尺高空的飞机上发脾气;我知道这一点,我的每一根神经都知道。她宁愿自己不是自闭症患者。她希望能有办法与我们交流。如果她能沟通,像这样的崩溃很快就会成为过去。

我想起了汤姆最初的犹豫,我们一次次预订又取消航班,把旅行社搞得晕头转向。我们要去吗?我们不去吗?不知道艾米莉能行吗?也不知道这对她来说是不是一次难忘的经历。我的坚持错了吗?

现在我们在飞机上,离着陆还有几小时,艾米莉尖叫着,拍打着她的手指,敲打着她自己,吸引了飞机上所有人的目光。她已经二十五岁了,不再是个孩子了。她的身型足以引起人们的注意。她的大嗓门可能会让人害怕,她激动的动作看起来像在挑衅。我无地自容,甚至都想爬到座位下面去。

大约四十五分钟后,最刺耳的尖叫声平息了。她还是没能在飞机上完全安静下来,但在最后的这段时间里,情况没有最初那么糟糕。我们下飞机取好行李后,我哥哥来接我们回家。这是周五晚上6点,洛杉矶晚高峰时段。

"我们以后再告诉你这趟旅行吧,"我一上车就对他说,免得他问我问题,"我们先回家吧!"

艾米莉又开始尖叫了,而且大部分时间都在尖叫。我一直在想,我再也不会和她坐飞机了!当我小声地对汤姆说这句话时,他说"我要录下来"。

我们都崩溃了,所有人都崩溃了。坦白说,我不确定这是否值得。实际上,无论我们做什么,艾米莉都没怎么参与。她跟着我们去了,因为她一直都会跟着我们,但我觉得她不喜欢这次旅行。我已经筋疲力尽了,很后悔当初我那么固执。

(艾米莉的话)

在崩溃来临之前,我脑子里有片刻清醒。就像混乱之前的那份平静,我愿意付出一切去抓住它。但它却像拔河游戏中一根稍纵即逝的绳子,从我手中被猛地抽了出去,留我站在那里,垂下破皮的双手,承受着失败。我完全无能为力。在那一刻,我的思绪比我的声音更响亮。要是我能听从自己内心就好了。我的内心在恳求着我的身体,但无济于事。

"你不需要尖叫,"我告诉自己,"你可以掌控一切。"即使我用尽了最大努力,龙卷风还是席卷了一切。我不得不向猛烈的风暴投降。

"也许您能给她吃点什么?"我听到空乘人员问我妈妈,"让她平静下来。""她吃得已经够多了。"妈妈的语气带有我非常熟悉的礼貌和坦诚,"再多给她一点会出问题。"她在努力控制局面,但我已经把事情闹大了。并且,我看上去还不打算停下来。

我想知道,乘务人员是不是认为飞机必须着陆了。我的崩溃已经失控了,迫降是唯一的选择。去他的。他们真的会让飞机迫降吗?我不敢相信他们真的会这么做,但我充满了担忧。

我以前也崩溃过,但这次我带来的混乱前所未有。自我伤害让我看起来像个疯子。我知道。

人们坐在自己的位子上,一些人一动不动地看向我。我知道他们也想移开目光,但他们做不到。我发出的尖叫和攻击性的动作都很难让他们不看向我。我希望我可以隔绝那些目光。我感到自己像一块磁铁,他们的目光被我完全吸引。

我很喜欢这次探险。在爱尔兰旅行的日子很有趣,但也让人不知所措。这是我第一次出国旅行,也是我最后一次了。我很确定,这是唯一的一次。怎么能责怪我父母呢?他们已经承受了太多。

我很高兴能去,我收获了很多美好的时刻,但它们现在都被积压在我的内心深处。我满脑子都是情绪和话语,所有的事情都在我脑海里发生,而我却找不到发泄的出口。而且我被困在这架飞机上,每个人都在看着我。我无法脱身,无法找到让自己平静下来的方法。

我好像是一场车祸的肇事者。

15

"我差点想打电话给你取消这次预约了。"第二天早上,我把照例前来开展每周治疗的琳赛领进屋,并向她讲述了那几小时飞行途中的艰难。"我还是跟艾米莉试一试吧,看顺今天的治疗有没有效。她已经恢复正常了,这是件好事。这对我们所有人来说都是一个难关。"

我们完全被打败了。那次回家的飞行已经耗尽了我们所有的力气。那天早上醒来时,我根本不想下床。这一点都不像我。不仅仅是因为我还在倒时差,还有其他糟糕透顶的方面。作为一位母亲,作为一个人,在经历那么多之后,我跌入了人生的最低谷。我再也不想经历一次那样的飞行。

那天早上,我用尽了一切努力才能下床一步一步地走,我沉浸在悲伤之中,无比后悔。这么多年来,我一直为我们的境况感到悲哀。我曾经愤怒过,沮丧过,也曾一蹶不振,悲伤不已。但这次不一样,这是我第一次感到绝望。在我们拼尽全力之后,没有得到任何回报。也许永远也不会有回报了。我不想坚持下去了;我甚至不想再呼吸了。

说实话,我甚至不想跟艾米莉互动。没有人能忍受她的暴躁。当初汤姆对这次旅行有所保留,所以对我来说,这次惨痛的失败感觉就像是我一个人的失败。他没有说"我告诉过你",但他事先提醒过我,我没有听进去。我被打败了,看起来像个傻瓜。然而,我又一次做出了错误的决定,尽我所能给她一切机会。

琳赛和艾米莉坐在沙发上,她们之间放了一个 iPad。最近,琳赛在帮助艾米莉的时候尝试使用平板电脑,看看她的反应会不会有所改变。然而到目前为止,艾米莉的反应没有任何变化。她偶尔会打出一个单词。更多时候,什么都没有。

我尽量让自己忙碌起来,下定决心继续向前。然而,当琳赛开始治疗的时候,事情就失去了控制。几乎是在一瞬间,艾米莉就变得焦躁不安。她开始用力地尖叫,声音响彻整个房间。我想钻到地板下面,我想逃跑,想去任何地方,就是不想待在这个家里,不想被困在我被迫安排的这种命运里。别人的妈妈不必经历这一切。别人的婚姻关系也没有如此紧张。为什么是我?为什么是我们?在昨天那次可怕的飞行之后,我没有能力承受艾米莉新一轮的崩溃。我已经受够了。

艾米莉开始用她的拳头打自己的头,一拳接一拳,一边尖叫、哭泣。又来了。我必须让艾米莉停下来。当然,现在我们在家里,应该会好处理一些。但我们太疲惫了。

我和汤姆以前从未有过如此强烈的挫败感。我没办法继续走下去了,这条路上的我已经筋疲力尽了。

"我内心感到崩溃,"汤姆后来说,"天啊,我还能承受多少呢?她的尖叫声就像一把刀子,一把刺在了我的心脏上的刀子。"

"或许我们应该取消今天的训练。"我对琳赛说。

"别担心,"她向我们保证,把我们推开,"我有把握。"

"走吧,汤姆。"我说,琳赛会帮忙,我松了一口气,"我们上楼去收拾行李吧!"

琳赛是个专家,她正在想办法用一篇关于天文学和行星的文章来重新引导艾米莉。她把这篇文章大声读给艾米莉听,然后,当艾米莉平静下来时,琳赛会问她一些问题。在楼上,我极力克制着那股爬回床上撒手不管的冲动,我能听到训练在继续,艾米莉崩溃的情绪也在消退。她们在谈论恒星和行星;平静的气氛又回到了家里。

"什么飘在太空中?"琳赛问道。

艾米莉打出了一个基本的回答:石头和灰尘。

"一块小石头叫……?"琳赛提示道。"卵石。"艾米莉打出来。

"还有一块大石头是什么?"

"岩石。"

心烦意乱的艾米莉安静了下来。汤姆和我打开了爱尔兰之旅的行李。

但很快,楼下就变得太安静了。通常,艾米莉会发出一种声音,一种你可以在钢琴上弹出来的单调的节奏。现在,她根本没有发出任何声音。汤姆和我互相看了看。有事情发生。我也听不到琳赛问她问题,这很奇怪。几分钟前艾米莉还非常激动,她通常不会那么快那么轻易地安静下来。

汤姆离开卧室到楼下去查看,我跟在他后面。

他刚下了两级楼梯,差点与抱着 iPad 跑上楼梯的琳赛撞在一起。我们三人站在楼道上。琳赛的眼睛里充满了泪水，她把 iPad 塞到我手里。

"我们刚刚有了突破性的进步。您读这句话。"

当我伤害了别人，我感觉非常糟糕。（艾米莉打的字）

我看着琳赛，想要理解她的意思。她是说艾米莉打出了这个完整的句子，关于她内心的感受？不可能的。

"她打的？"我问道。

琳赛点了点头，她太激动了，已经说不出话了。

医生、治疗师以及各种专家都曾告诉过我们，艾米莉很可能永远不会以我们期待的方式与我们交流。他们告诫我们，对她的内心世界，我们不应该有所期待。我是不是看到了我一直都想看到的东西？

我读了下一行。

我想告诉你们那些被禁锢在我内心的想法，我认为它们永远不会被发现。现在，我相信我能被听到。（艾米莉打的字）

"这是怎么回事？"我问琳赛。

"我在给她读文章，问她问题，她打出了一个单词的答案。然后，她只是看着键盘，蜷缩在上面，开始打字。就是，真的打字。"

艾米莉想要交流，她想和我们谈谈。我被吓了一跳，但也不敢置信。

作为她的爸爸妈妈，我们的大部分努力都是在接受和爱护艾米莉本来的样子，我们并不希望她有什么不同。现在，我女儿的每一个梦想都有可能展开翅膀了。我不确定这是不是真的。如果我让自己相信这是真的,如果我有可能让艾米莉告诉我她的内心世界,那么如果我发现这不是真的,我会再次崩溃。但是,我希望眼前发生的事情是真实的,我甚至宁愿不再呼吸。

艾米莉继续在 iPad 上打字:

我已经被埋在尘土之下许多年。我刚刚找到我的声音。现在我有很多话想说。我希望你们能通过阅读我的文字来听到我的声音。现在,你们的一切疑问都会得到回报。

我已经喘不过气来了,没有办法真正理解我在看的什么。这是不可能的,不可能的。我甚至怀疑,也许是琳赛看到了痛苦挣扎的我们,在她想为我们减轻生活负担的愿望中,无意中引导艾米莉写下了不属于她的文字。因为,真的,在一瞬间,不可能的事情突然变成了可能,这根本说不通。我想相信艾米莉实现了一次真正的突破,是我们多年来梦寐以求的那种进步,但我并不确定。

当我们站在楼梯平台上,低头看着坐在沙发上的艾米莉时,所有这些想法都在脑中涌动。我们二十五岁的女儿。我们深爱着的美丽、聪明的女儿。天啊,请告诉我们这不是在做梦。我们看着她,无比惊奇、无比怀疑,我们不停地摇着头,不知道发生了什么。

艾米莉转过身来,看着楼梯上的我们。她的脸上绽放出灿烂的笑容。她向我们点了点头,仿佛在说,是的,这是真的,我在这里,我已经准备好了。

（艾米莉的话）

终于回到了洛杉矶，却没有家的感觉。家里的气氛因为大家的疲惫而沉闷不已。突然间，在周二与沟通治疗师的例行练习中，我内心的一些东西被唤醒了，这一刻，我感受到了自己的存在。多年来，我接受过、尝试过无数的治疗方法，你能想到的我都试过了。

当你患上自闭症，每个人都认为他们能治好你。我觉得我需要被理解，但不需要同种程度的"被修复"。我摸索不到一条走出阴霾的路，我被自己的内心困住了。我的一切动机和志向都被瓦解了，恐惧挥之不去。我有一种强烈渴望，我想找到一个声音，我自己的声音。

我小心翼翼地靠近键盘上的字母，不确定能不能行，但又迫切地想要寻找一条出路。

为了拼出哪怕是一个单词，指向每个字母耗费的精力是惊人的。把自己的想法以一种别人能理解的方式打出来，这种想法让我非常兴奋。一开始，我回答了一些完全随意的问题。然后我被问到了关于自己的问题，我做了一件出人意料的事。我回答了他们。我再也不会掩埋我的声音，我不会再沉默。

虽然我们花了一些时间来确定什么是真实的，什么仅仅是我们的期望。事实证明，她已经准备好与我们交流了。

我们带她去看心理医生——沃尔夫医生,让医生评估发生了什么。

"当你第一次告诉我,你在尝试'帮助沟通'这种方法时,我的第一反应是,可怜的一家人。他们已经试过了所有方法,现在他们让一个人移动她的手臂,他们就相信她在打字。天啊,他们怎么会相信这种方法?"沃尔夫医生后来告诉我,在艾米莉开始打字后,她回忆了我们最初的对话。

不过,当我和艾米莉、琳赛一起走进她的办公室后,她的看法很快就改变了。"当时真是太难以置信了。"沃尔夫回忆说。

艾米莉坐在沃尔夫博士对面,琳赛只是碰了碰她的肩膀。"艾米莉就像这样,慢慢地用一根手指,在 iPad 上输入她所有的答案。"沃尔夫医生说。

医生记得,艾米莉的一些回答非常有趣。例如,有人说艾米莉想搬去和琳赛一起住。

"如果你能迈出这一步,你会有什么感觉?"医生问她。

"'嗯,我的父母已经照顾了我很长时间了,我真的觉得他们需要离开我,放个假,'然后她就开始笑了,"医生回忆道。

医生告诉我,当她向艾米莉询问她的用药时,艾米莉能够非常详细地回答她对每种药物的感觉,还能够说出什么对她有帮助,什么没有。

"(我可以问她)所有我想问但一直没能问的问题。"沃尔夫医生说。她甚至问了艾米莉关于加州大学洛杉矶分校的事情,并对她的回答感到惊讶。艾米莉告诉她,那天晚上她很难过:"因为他们认为我很笨,把我当外人一样对待。我看着他们看我的眼神,我很生气,他们只会下指令让我做一些事情。"沃尔夫医生说:"艾米莉觉得那些人没有把她当作一个人来对待,她能说出这样的话并把这些事情联系在一起,这对她来说是很难的。"

有没有可能是我们被误导了?以为艾米莉真的在给我们打字?是我们引导了当事人,而琳赛在无意识地帮助了她?我问道。

"每次我看到艾米莉打字的时候,实际上她就是那个掌控iPad的人,"沃尔夫医生说,"她把它放在腿上,放在我给她的一个枕头上,她自己在打字。琳赛只有在艾米莉突然停下来才会进行干预。比如她在回答什么问题,然后停了下来。琳赛会说,'继续',然后艾米莉就会继续打字。"

沃尔夫医生提醒我,她问的一些问题只有艾米莉知道如何回答,比如某种药物的治疗问题。

"比如,我给她换了一种药,把安定换成了阿普唑仑。"她说。然后我就问了艾米莉它们之间的区别。艾米莉说:"'这种新药的药效不长。我发现自己变得更加易怒了,这对我不起作用。'阿普唑仑确实没有那么长时间的药效,而且它不像安定那么镇静。"琳赛不可能知道这些问题的答案。

"我们以前尝试过'帮助沟通'。为什么之前没有成功,而这一次却成功了?"

"我不知道。她可能有太多事情要做,或者那个治疗师做得不对，或者教得不对，又或者那个人触碰了她太多次，让她没有了任何反应。可能是有很多不同的事情困扰着艾米莉，她才没有办法打字，你知道吗？"

她想了一会儿又说："有一部分人患有自闭症，他们的智力水平很低。无论你用什么方法与他们合作，他们都无法与你沟通，因为他们没有这种内在的能力，沟通是不可能发生的。不过，这真的不是说'帮助沟通'这种方法有什么问题。任何人教他们阅读或教他们掌握其他类似的技能，都会失败。不过，在对为她朗读的人，艾米莉的注意力总是很集中。"

医生推测，这可能是因为艾米莉这些年来理解了很多东西，从书本和其他东西中学习了不少。也许她具备了所需的知识素养，我们所做的阅读准备为她打下了基础，所有这些因素都加在了一起。

"我不认为每一个自闭症患者都能学会如何做到这一点，我也不认为每一个'帮助沟通'的治疗师都有足够的能力来训练每一个有学习能力的人。但我绝对赞同，在合适的条件下，人们可以更多地尝试这种方法。"

沃尔夫医生说，她完全相信艾米莉是在输入自己的想法，其他见过艾米莉打字的人也这么认为。然而，她接着说，"因为'帮助沟通'引发了不少争议，还有许多备受瞩目的不幸案件……"她的声音变小了，"将其看作一条出路或一种治疗方法，还必须谨慎对待。对很多人来说，它不是一种治疗方法，也不是一条沟通途径。这种方法可能只对一小部分非常聪明的自闭症患者有用。你们觉得是这样吗?"

医生停了下来:"我想说的是,艾米莉非常聪明。"

16

(艾米莉的诗)

从那以后

从那以后,一切都有点像一场梦
就像穿上了另一个女孩的鞋
过去种种引领我,走到了这一步
也玷污了我的记忆,扰乱了我的情绪
但我不能否认
也不能断言
从那以后
一切都不一样了
如果没有过去种种,一切都不会实现
虽然有时我泪流满面
煎熬的内心涌出怒火
但是过去种种
让现在的一切成为现实
如果不是她,我便不会是我
那个沉默的女孩,不会听到

> 在另一侧等待着她的那个人
> 内心充满了挫败、愤怒和不解
> 但终会有另一个出口
> 一种更好的方式,来表达你想说的话
> 不再害怕飞机的降落
> 红色或蓝色的灯光
> 因为从那以后(生命才真正展开)
> 如果不曾体验,如果不曾经历,那些挣扎的时日
> 一切都不会成为可能
> 显然
> 那个心藏千言万语的人
> 也是一个走投无路的人
> 但没关系
> 因为从那以后,生命才真正展开

"您一周能来多少次?"在艾米莉取得突破的那天,我在琳赛离开之前问了她。到那时为止,她每周都会帮助艾米莉一小时。

"您需要多少?"琳赛和我们一样兴奋,"我都有时间。"

我们不能为艾米莉频繁预约。一周三次,如果可能的话,四次,每次训练时间一个半小时。很快,我们就能为她预约整个星期五的时间。

在我年轻的时候,我学会了用"隐形墨水"写字,其

实只是用水稀释的柠檬汁。我在棉签上蘸取了这种混合液，然后在白纸上写下信息。笔迹干了以后，纸上什么信息也没有，就像一张普通白纸。然后我把这张纸给别人，告诉他们把这页纸放在灯下、覆在灯泡上或热源上查看"秘密信息"，文字随即就会显示出来，那张纸就像揭了膜似的一样。

看着艾米莉打字，就像看到了一模一样的魔法在我们眼前不可思议地显现。从前那一片空白的大脑，在绝无可能出现文字的地方，现在出现了文字，出现了想法。汤姆和我坐在书房的沙发后面，看着房间里的艾米莉和琳赛。通常，琳赛会阅读一篇新闻报道来引导艾米莉，但这一天，我们第一次看她打字，一开始，她打出了一句日常用语："你今天好吗？我非常高兴，因为现在我可以说话了。我现在很满足，因为我心中的一扇窗户已经打开，所以我的梦想可以实现了。"

"你的梦想是什么？" 琳赛问道。

"在日常生活中跟我遇到的人还有我的家人进行交流。"

"还有什么梦想吗？"

"在心烦的时候，我希望自己可以更加平静，不那么吵闹。我一定要做到。"

在 iPad 上，一个个单词、句子是那么奇妙有灵性，简直让人难以置信。在这之前，我从来没有仔细想过艾米莉的"打字沟通"会是什么样子，眼前的一切超出了我的想象。我的眼睛在发热，我目不转睛地盯着屏幕，不错过每一个字母的出现,句子和短语不断滚动在眼前。我太震惊了。一场真正的对话正在发生。

汤姆也惊呆了。他后来说:"我一直希望她能跟我们沟通,但我从来没有想过她能这么做。"

"简直太让人震惊了。看着艾米莉打出这些文字,我觉得太不可思议了。"

艾米莉打出来的文字是完美的,表明她一直以来都在努力学习。上高中的时候,她遇到了一位非常优秀的英语老师,她在语法和拼写上面对孩子们进行了训练。显然,艾米莉一直在专心听讲、认真学习。一开始,她不会大写句子开头的首字母,也不会大写人称代词"I",但她很快就改了过来。她的语法无可挑剔,词汇量也让我震惊。"一个有关自闭症的颠覆性思考……我心中的一扇窗户打开了……"她不仅很好地表达了这些抽象概念,而且还带有抒情色彩。她是在打比方。

训练结束后,我让琳赛留下来待了一天。

"你还记得她开始打字的那天都发生了什么吗?"我问,"我还是很难理解。"

"她只是完全没有在听我念那篇文章,然后说,'我想说话。我想交流。你一直都在帮助我,但我一直还没有行动,现在我准备好了'。"

"你都不惊讶?"我问。我完全被吓了一跳,仍然不知道该如何理解这一切。我甚至需要得到琳赛的允许,她同意了我才敢相信。

"对我个人来说,也是第一次遇到患者获得了这样的突破。"琳赛说。她已经和艾米莉一起训练了六个月,也已经了解艾米莉在训练后能够达到的水平。当她拿着 iPad 跳上楼梯,要给我们看的时候,她已经激动得说不出话了。我清楚地记得,她把 iPad 递给我的时候,她的眼睛在流泪。

在此之前,艾米莉并没有取得任何进展。如果琳赛问了一个可以用"是"或"不是"来回答的问题,她只会简单地打出"是"或"不是"。如果琳赛问"你更喜欢薯片还是饼干?"她就会打出琳赛给她的最后一个选项,也不管那是什么东西,也不会考虑她的喜好。

"那么为什么?"我问道。在接受了各种治疗,拜访了各种专家,尝试了各种干预之后,为什么情况就出现了那么大的变化?

"艾米莉掌握了很多生活技能和自我护理技能,在其他自闭症患者身上是不常见的。"琳赛解释道,"你们鼓励她要尽可能地独立。另外,你想想看,她其实已经接触过外面更广阔的那个世界了。"

这倒是真的。我们鼓励她要独立,并培养了她独立生活的技能。从她出生到现在,她一直都在充分地体验并完整地走进了这样一个大千世界。

"想想看,"琳赛继续说,"那些一直在特殊教育班学习的同龄人,他们可能会学习生活技能或者参与日常活动,但跟艾米莉这样的孩子相比,他们在心理上和情感上都处在一个完全不一样的水平。"

"你和汤姆总会为她朗读。你让她进入普通教育的班级,"琳赛继续说,"你和汤姆只是主张了:'我们不知道发生了什么,但我们看到她的眼睛里有一种光,让我们知道她和我们一样。我们要像对待其他人一样对待她,她应该接受这样的教育。'这就不同了。"

听到琳赛这么说,我很欣慰,不过功劳不是我的。的确,是艾米莉自己的努力取得了这样的突破。

从那以后,我一直在思考这个问题,我慢慢意识到,那天艾米莉开始打字,只是因为她决定了要这么做。只要她准备好了,总是会按照自己的节奏开始行动。我没有办法强迫她做任何事。我也从来没有成功过。不过,就像她在一岁生日那天穿过了房间那样,只要给她一个机会,她就会坚定地采取下一步行动。如果现状发生了改变,是因为艾米莉觉得需要做出改变。

显然,艾米莉一直也在留心我们的生活。她写到了她的外婆,知道她患了痴呆症。她能够领悟到正在发生的事情,也能够与旁人共情。

(艾米莉的诗)

坐在餐桌旁的女士

当阳光直射进来,几乎把房间劈成了两半
她出现了
敞开的窗户,柔和的气流
飘浮在房间里,就像一只失重的气球
有人会说她很脆弱
皱纹变深,皮肤变薄
但在她明亮的眼中,有一种力量
希望和信心依然屹立在碧波荡漾的大海上
她渴望将这艘船翻过来
她不会动摇
房间里充满了甜蜜的气息
刚修剪了的玫瑰花
浸了牛奶的热饼干
她柔软的双手抱着一杯茶
当她低头啜饮时,暖意笼罩着她的脸
所有长久的记忆都会随着蒸汽褪去
她表现出了困惑
住了四十年来的家,变得陌生了
环视房间的目光,和她的心跳一样快

> 她发出了绝望叹息
> 就像打翻了的杯子中的牛奶，悲伤倾泻而下，洒落一地
> 她的光芒已经褪去，
> 每一次都更多一点
> 她醒了，却再也没有睡着
> 从木椅上撑起瘦削的身躯
> 她挺直了身子
> 也许再喝一杯茶吧

我以前见到过自闭症患者打字，通常他们会打出主要的信息和数据，他们喜欢吃什么、喜欢什么颜色、喜欢什么款式的衣服，还有他们不喜欢的事物，他们总是以非常直白的文字表达出来，而不会用富有表现力的散文去表达这种深刻的自我意识。在为有特殊需要的人群担任辩护律师的这份工作中，我也遇到过许多通过打字沟通的自闭症患者，但我从未见过那么富有想象力和感染力的文字，而且这些文字还出自一个有严重行为障碍的人之手。

艾米莉也想上大学。我不知道这是否可能，但如果那是她的梦想，我们会竭尽全力帮她实现。

看着她打字的动作也会让人震惊，就像在看一个人在从事一项艰巨的工作。她蜷缩着肩膀，慢慢完成任务。为了打出一个字，我们能明显看到她所需要动用很多力量、超常的注意力还有意志力。有时，当她打出了一个想法，就会因

为太耗费精力而疲惫不堪，然后又瘫倒在沙发上。她还是会发出噪声，但当她打字的时候，这些噪声就渐渐消退了。

我们不想看到她一直打字然后筋疲力尽，但我们确实想知道她内心的一切：她觉得她目前的生活怎么样？我们是不是还不了解她的某些方面？无论我们问题是什么，艾米莉都想要给我们答案。

换句话说，并不是说她一旦开始打字，我们的日常生活就会变得完美。现在艾米莉让我们有了更多的机会去了解她的内心世界，所以琳赛会定期上门帮助艾米莉练习，但自闭症的崩溃还是会发生，且往往就出现在打字的练习中。当艾米莉崩溃的时候，琳赛会重新引导她。有一天，琳赛试图用一篇有关采煤的文章来引导艾米莉。每次爆发过后，艾米莉又开始集中注意力，琳赛就会问她是什么原因造成了这种情绪波动。

"我打得不够快。"

在一次关于煤矿开采的谈话中，艾米莉无意中透露了一些她的看法。

"很高兴你来了，"她打出文字给琳赛看，"艰苦的工作……真的太难了。"

我不知道这种"艰苦的工作"是指煤矿工人，还是指她在沟通方面所做的艰苦努力，但显然，让她表达自己的想法是一件费力的事。

琳赛下一次来的时候，她们讨论了向日葵，艾米莉表达了她的感激之情，这个主题在她的写作中反复出现。

我很感激我能够真正与人沟通了。

"当你听到'向日葵'这个单词的时候,你的脑海中会浮现出什么画面?"琳赛问道。

我看到田野上开满了黄色和绿色的花朵,它们都面向着太阳。

"你能告诉我你为什么会发出那些噪声吗?"

当我感到身体受到严重威胁的时候,我就会发出噪声,好过伤害我自己。

"有什么能帮到你吗?"

出去散散步能帮助我找到平静。

"什么时候散步最有帮助?是在你心烦意乱的时候,还是在别的时候?"

最好早上和爸爸一起。

我们一直希望她和汤姆一起散步会有帮助,现在我们发现确实如此。我们非常欣慰。但很快,她又变得心烦意乱,开始尖叫,并打自己。琳赛努力把注意力从让她心烦意乱的事情转移到一个中立的话题上。当艾米莉平静下来后,琳赛问她:"你能告诉我们你的感受吗?"

也许我不能很好地面对这些想法。长这么大,没有一件事是我能预料得到的,因为我经历了太多的挣扎,你出现得太晚了。

我不禁改变了对艾米莉的看法。这么多年来,我一直坚信她体内藏着一个与我们关系密切的女孩。现在她就在这里,让我们在光天化日之下看到了她。

大约一周后,我和艾米莉去了全食超市,一名年轻的员工认出了艾米莉,并向她问好。她们俩是伯明翰高中的同学。那次邂逅之后,艾米莉一直都很高兴。

当她回到家,和她的交流伙伴在一起时,我问:"在全食超市发生了什么?"

很高兴她认出了我的模样,而不是我的残疾。

我很感动。是的,我能理解她的感受,总是被称为自闭症女孩而不是"艾米莉"。在这位高中同学的眼中,艾米莉就是她自己。艾米莉因为和我们交流,也增加了自信,每一个人都感觉很良好。

"你能想象自己和这样的人交谈吗?"琳赛问道。

是的,到明年我希望自己能有一些全新的表达。

"为什么我们现在不打出来一些来热热身呢?"

然而,艾米莉表示反对。

我的手会因为焦虑而沉重。

她经常打字,也愿意打字,但有时打得太多了。我们理解她,并做出了让步。

我和汤姆都为这个突破感到欣喜若狂。不过,那段时间我们也充满了怀疑。考虑到"帮助沟通"带来的争议,我们不确定艾米莉的进步是不是真的,我们需要进一步确定。

每当琳赛与艾米莉进行练习的时候,我和汤姆就待在房间里,我们在她的 iPad 上下载了一个软件,可以一字一句地播放她打出来的单词,当她打完最后一个单词的时候,软件就会用语音播放出她完整的想法,我们不仅能第一时间听到她的感受，也亲眼见证了艾米莉真正的进步。我们要确保琳赛没有碰到艾米莉的手、没有控制艾米莉的动作。

刚开始练习打字的时候，琳赛用手抬着艾米莉的右肘，稍微向后倾斜，给了她身体上的支撑。

这种力量为艾米莉提供了打字时所需的身体稳定性。另外，当艾米莉开始独立打字时，琳赛只用拉着她上臂附近的一块衣服，让她开始打字。有时，琳赛根本不需要用手去碰艾米莉，只是坐在她旁边，用脚的侧面抵着艾米莉的脚来刺激她。只要轻轻一用力，艾米莉就会开始打字。

每隔一段时间，艾米莉打字变慢或停止，琳赛就会口头提醒她："你有什么想法吗？""你能告诉我更多吗？"她还提供了情感上的支持和鼓励。

大多数情况下，艾米莉确实会告诉我们更多。

我经常在半夜醒来，对眼下的进步感到困惑。即使有了沃尔夫医生的确认，我还是不确定这是不是真的。汤姆也很怀疑。

"这是真的吗？"我问："我想是的。"

"我不敢相信。"

"我也是。"

我们可以看出艾米莉的行为发生了变化，她显然更快乐了。情绪崩溃并没有消失，但已经变得不那么严重，也不那么频繁了。

毫无疑问，我们听到的声音是艾米莉的，但我和汤姆还是不敢确定，担心我们可能说服自己相信了一种错觉。

汤姆看着艾米莉打字，他开始慢慢确信艾米莉是真的在表达自己。他基本上已经退休了，在琳赛与艾米莉的大多数训练中，他都能够在场。

"在与琳赛练习打字的第三次还是第四次，"汤姆回忆说，"艾米莉跟琳赛说了我们去参加了安息日活动，还跟她描述了我们在周末做了什么。"训练结束后，琳赛问我："安息日是什么？"她甚至对安息日一无所知，于是我明白这些话只能出自艾米莉。

在她取得突破之前，艾米莉在一个夏末派对上认识了布兰登，这场聚会是为周六上舞蹈课的学员举办的；布兰登是她一个同学的朋友，比她大几岁。他们第一次见面时，他在房间里走来走去，盯着她，跟着她，对艾米莉非常感兴趣。后来他邀请她参加他的生日会。布兰登真是非常友善，我以为艾米莉会在聚会上玩得很开心。

然而，当我们去接她的时候，她一上车就开始尖叫。我想知道发生了什么事。幸好，她现在能通过打字告诉我们了。

"怎么回事？"第二天，琳赛问艾米莉。

我一直都在尖叫，因为我已经很努力了，还是不够。别人永远都不会把我看作一个聪明的人。

"那么，你去参加的那个派对……？"

我再也不想去那种派对了，我讨厌情绪激动的自己。

汤姆和我离开了房间，想给女孩们一点私人空间。

很快，琳赛又把我们叫回去了。

"我让艾米莉把刚才告诉我的感受再打一遍。"

艾米莉蜷着腰在 iPad 上打字。

你能回到房间来继续帮我训练吗？有你在房间里我感到很安心，我们可以聊聊。

我很感动，她愿意和我们分享她遇到的困难。汤姆和我坐在餐桌旁，这是艾米莉和琳赛新的练习地点，iPad 可以放在那里。

我想说，尖叫是我唯一能发泄挫败感的方法。

"很抱歉这次聚会让你心烦了，"我说，"我还以为你会喜欢社交活动呢！"

你希望我多交朋友，我很感激，但我觉得我需要跟不同的人在一起。

"跳舞或网球怎么样？"我提议。

我很乐意去参加所有的活动，但大多数时候，人们的反应就好像是我太笨了，没有能力做其他任何事情。我真的很想成为话少但坚毅的那一类人，但我就是我。请你告诉我，只要我能沟通，一切都会容易很多。

"我喜欢坐在桌子对面和你说话，"我说，感到喉咙哽咽，"你知道吗？"

我们不常有沟通的机会，因为我不会说话。我们继续努力吧！

我满怀希望地离开了餐桌，让她们接着训练。艾米莉想以一种有意义又亲密的方式与我们分享她的生活。后来，我们发现，和一群自闭症患者在一起常常会让艾米莉心烦意乱，因为她想被看作更加正常的一个人，她还认为自己与这个群体的来往让她受到了限制。随着时间的推移，她的观点发生了变化，从那以后，她更包容地接纳了她的自闭症朋友，但我认为，她刚开始的时候想要尽可能地摆脱自闭症。在那些日子里，她感到自己被其他同类包围了，他们的存在不断地提醒着她，即自闭症的不正常。

在没有固定讨论话题的时候，琳赛会读一些文章，并让艾米莉提出问题。不过，现在更多的是由艾米莉主导对话。她的一些信息涉及日常人际互动，她在某一天的感觉，或者她会告诉琳赛她的周末是如何度过的。有一天，艾米莉告诉我们她不喜欢 iPad 上的声音。

我们来聊聊苹果公司可以做些什么来帮助一些人——比如像我这样的人——让 iPad 的声音听起来不那么像机器发出的声音。

能够知道平板发出的声音没有给她带来快乐，对我们来说意义重大。二十五年来，我们不得不去猜测艾米莉喜欢什么，不喜欢什么。有时候，她拒绝做某件事，就像一个顽固不化的人。我记得她上学前班的时候不想和其他孩子一起吃丽兹饼干。我想让她像其他所有孩子一样，我希望她也在吃饼干。现在她可以跟我们沟通了，她可以加入事情的细节，让过程变得更清晰。事实证明，她只是不喜欢丽兹饼干。如果学校提供另一种饼干，她会很高兴地吃掉。当时，我以为她只是在故意为难我，从她的拒绝中，我看到了她的自闭症，我非常难过。知道了她只是讨厌丽兹饼干后，我觉得一切都说得通了。同样，我们现在发现她不喜欢机器般的声音，就像她不喜欢那种饼干一样：太好了。那我们来使用一种新的声音。我们终于开始了解女儿的真实想法，了解她这个人。我们找到了一个带有许多不同声音的应用软件，可以大声播放她打出来的字。她找到了一个她喜欢的声音。

一天早上，琳赛问艾米莉昨晚睡得好不好。

我经常直接进入一个梦境，梦里我是一个会说话的人。

梦的最后总是相似的。我在一家很酷的餐厅点餐，所有的餐食都在菜单上。然后我醒来，我还是被困在一个不能正常运转的身体里。

听到 iPad 大声播放出这些话，我感到悲伤。我和汤姆共享着这份悲伤。我们都会反复做一个梦，梦里艾米莉会说话。这个梦总是那么真实。甚至我的工作助理也告诉我，她也梦见过艾米莉在讲话。现实是，她可能永远不会像在我们梦里那般"说话"。她能清晰地说出几个单词，但她想要用语言告诉我们的很多东西是无法被人理解的，这让我们所有人都很难过。虽然我们也意识到了她可能永远无法做到这一点，让人心如刀割，但这并没有减少她打出来的文字的震撼程度——对我们所有人来说都是一样。

在一次会议上，琳赛问艾米莉对她在打字方面的进步有什么看法？它们是怎么发生的？

我想那是在从爱尔兰飞回家的可怕航班之后发生的。我没办法告诉任何人我在那该死的飞机上待了那么久我有多焦虑。我意识到有些事情必须改变。我知道你会帮助我。

这是我们第一次真正理解了艾米莉的进步。我以前从未把这两件事联系起来。后来,艾米莉就那次飞行写了一篇完整的文章,就好像它刚刚发生一样,让我们深刻地了解了那个给我们留下创伤和挫败感的时刻。

每次她打字,我都感到敬畏和谦卑。我们终于被允许进入那个在艾米莉脑子里面生活却对外封闭了很久的房间。长久以来把我们隔开的那堵墙终于倒塌了,我们可以认识自己的女儿了。还有她的用词。我想知道一个人是如何在二十五年的时间里从一个句子都不会说变成了以这样一种方式写作的生命,她的行文如此流畅和敏锐。

除了写她的思想、诗歌和散文,艾米莉还向我们展示了她的内心。感恩是其中最重要的一种感情,反复地出现在她的文字中。一天早上,琳赛来的时候,艾米莉正在经历崩溃。琳赛重新让她集中注意力之后,问她发生了什么事。

我很难过,因为我不能和玛尔塔说话。我从来没有这样做过。

在艾米莉离开加州大学洛杉矶分校的项目之前,玛尔塔就一直是她的日常助手,艾米莉经常和她一起外出。

"你想给她写个便条吗?"琳赛问道。

玛尔塔,谢谢你一直在我身边。我很高兴能和你一起去很多地方。我们所做的事情是如此重要,所以让我们继续在勇气和承诺的见证下成为更好的朋友。再次感谢你,我亲爱的朋友。

爱你的,艾米莉。

艾米莉不仅能和我们交流告诉我们她的基本需求,她还能让她关心的人知道他们对她很重要。当 iPad 播放她写给玛尔塔的信时,你可以看到她脸上满意的神情。艾米莉能够表达感激之情了。

17

一开始，艾米莉只和琳赛一起练习打字。后来她又跟玛尔塔试了试，虽然过程不是很顺利，但还是成功了。

玛尔塔问了艾米莉几个问题，然后拉了拉她的袖子，艾米莉就会给出答案。不久之后，琳赛就介绍艾米莉和她的另一位患者安娜认识，安娜比艾米莉小五六岁，也患有自闭症，她练习打字已经有一段时间了。琳赛觉得这两个女孩见面会很有趣。

在给安娜的父母发了邮件、通了电话之后，我邀请安娜来家里做客。我们希望这两位年轻女孩能有机会面对面交流。安娜是位美丽的年轻女性，留着长长的金红色头发，长着一双又大又圆的蓝眼睛。当她站在我们家门口，我就被她的美貌打动了，我还注意到她戴着一副减少声音干扰的降噪耳机。艾米莉迫不及待地想要见到安娜并跟她聊天。这确实是她第一次与差不多同龄的人"交流"。琳赛在一旁协助。

一开始，艾米莉就向安娜道歉，因为她觉得自己发出的噪声太大了——她总是对这些噪声感到难为情，然后她告诉安娜，她担心自己不能独立生活。她几乎立刻就从闲聊的话题中跳了出来，开始讨论她们这两位年轻女士所面临的更深层次的困境。如果你已经有二十五年没有跟任何人进行交流，你绝对不会浪费时间去闲聊。艾米莉把她的 iPad 递给了安娜，因为她发现安娜的设备没有充电，也打不开。

安娜：我不确定我一个人能不能应付得过来。

在谈话深入之前，自闭症引发的焦虑就已经向安娜袭来。她没有安全感。

安娜：我需要我的 iPad。我真的需要。不好意思，没有 iPad 我真的很焦虑。

艾米莉分享了自己所经历的恐惧，以此缓解了安娜的不安。

"没有父母在身边，我也总是很焦虑。"艾米莉写道。

安娜：在未来的某一天，我还是想再次尝试独立生活。

艾米莉建议安娜和她一起努力，为生活中的种种问题打出响亮的答案，打破人们长久以来对自闭症患者的刻板印象。从她能打字的那一刻起，艾米莉就专注于改变人们对自闭症群体的看法，努力以自己的方式成为一名倡导者。她们一起写下了人们对她们的误解，还有她们无比失落的心情。她们是惺惺相惜的朋友。在这一天结束之前，艾米莉向安娜吐露，她非常希望自己有一个好朋友。

欢迎你再来，我的新朋友。

这是艾米莉第一次和朋友进行交流。

在接下来的日子里，艾米莉为自己写下了一句箴言：我能控制自己的身体。我可以冷静下来。她让我们把这句话打印出来，只要她情绪一激动就可以看到这句话。

在一次治疗中，琳赛问艾米莉，如果她可以去世界上任何地方,她会去哪里。艾米莉有很多想法和梦想,但最大的梦想,也是她最常写下来的梦想,就是去伦敦。当她向我们描述这个城市的细节时,我们都惊呆了:她想象着大本钟和戴着熊皮帽的士兵,她知道泰晤士河,还有随处可见的高大的红色巴士。她对戴安娜王妃也津津乐道,知道她所有的生前逸事和她惨死的结局。我们都不知道她是怎么获取这些信息的。我们从没跟她提过任何与伦敦有关的事。她告诉我们她是从新闻里知道的;戴安娜王妃去世的时候,她已经几岁了。

我希望有一天我们可以计划一趟伦敦之旅。不过,爱尔兰之旅中的艰难还历历在目。不过,艾米莉获得了新的沟通能力,情况可能会有所不同。

一切都有可能。

在艾米莉取得突破后,琳赛打电话给她的老板达琳·汉森,告诉了她这件事。达琳说,以前她觉得艾米莉永远学不会打字,因为她有"太多种表达方式"了。现在,这个消息让她喜出望外。

我们一家三口和琳赛跟达琳约好了一次会面。

我想让她对艾米莉进行评估,看看她和琳赛合作得怎么样,还想听听她有没有及时的建议。最后,我还想让她教一下我和汤姆,怎样才能成为艾米莉的沟通伙伴。我一直梦想着能够和女儿进行一对一的交流;这对我来说是多么宝贵的机会、多么亲密的相处,我几乎不能抑制自己去想象这样的场景,我期望达琳能帮我实现这个梦想。

"来,让我们看看你学到了什么,艾米莉。"达琳说。

我们互相打了招呼,达琳告诉我们,她的女儿几天后就要结婚了。达琳坐在艾米莉旁边,她把 iPad 放在两人之间,抓住艾米莉的胳膊肘。几秒钟后,两人就开始交谈了,应用程序大声读出了艾米莉的想法。一开始,达琳会和艾米莉一起打字;她问了艾米莉想不想跟我和汤姆一起打字,艾米莉还说自己现在非常平静,可以打字交流。达琳试着教我们她的方法,好让我们跟艾米莉一起打字。我第一个尝试。

"大声朗读这篇有关大熊猫的文章。"达琳指导我。

我照做了。

"现在把你的手放在艾米莉的胳膊肘上,问她几个问题。"

我遵照了达琳的指示。

"大熊猫有哪些颜色?" 我试着问她。

艾米莉看上去很困惑。

"或许你可以问熊猫喜欢吃什么呀,或者熊猫想要怎样度过它的一天……?"达琳提示我。

我试着提出一些有趣的问题,但内心却很慌乱。我的想象力太贫瘠了。

两秒钟后,艾米莉的手指再次在键盘上舞动了起来。"可能只是需要更多的练习。"艾米莉打出了这一行字。

接下来,汤姆进行尝试。他的问题走得更深了一点。艾米莉能回答其中的一些问题,汤姆更擅长提出有趣的问题。不过,艾米莉的表达还是不够清晰——爸爸不太好,我也不太好——不像她平时给到琳赛的回答那样直接又富有表现力。

不过,达琳一接过话头,艾米莉的反应就很迅速,回答也很清晰。

我觉得是因为爸妈和我都太看重结果了。最终我们肯定能够通过打字交流,但我觉得这will是一个漫长的过程。

我们准备离开时,艾米莉在键盘上打出了一行字:谢谢你,达琳!我希望婚礼能顺利进行。

那段时间以来,我和汤姆多次尝试与艾米莉打字交流,琳赛、达琳和其他助手都会在一旁协助我们。

一直以来,我们很少能够成功地与她交流。有时,她会回复我们一两句话,但从来都不会是她跟别人练习打出来的那种详细的文字。我们继续努力着。然而,她在和其他许多人练习打字方面都取得了进步。

在她与琳赛的下一次治疗中,艾米莉表达了她在尝试与我们一起打字时的挫败感,她想让我们理解。

我和爸爸妈妈的打字沟通并没有我想象得那么顺利。当我们都试着打字的时候,我们都会感到有压力。也许我们可以多尝试几次。让彼此冷静下来会有好的效果。很多时候我太沮丧而不想打字,但我知道之后我会想要表达。

达琳后来告诉我:"父母是每个孩子最难通过打字来沟通的那类人,因为他们太情绪化了。"

"实在是太脆弱了。"

尽管如此,我还是不断尝试开启对话。"来吧,"我告诉艾米莉,"如果你能和我们一起练习打字,事情就简单多了，这样我们就能知道你每天都在想些什么。"

艾米莉在给琳赛的信中写道："跟爸爸妈妈练习打字沟通是最重要的一件事，我们星期六和他们一起吧！"

我们一遍又一遍地尝试和艾米莉进行打字沟通，但我们之间的沟通效率并没有提升。她能够跟她的心理学家、达琳、其他"帮助沟通"的从业人员、安娜还有其他自闭症患者进行打字沟通。只是没有跟我们一起。

艾米莉的二十五岁生日快到了，像往年一样，我们为她举办了一个小型的生日会。我们邀请的许多宾客也是自闭症患者，在他们的印象中，艾米莉还是从前那个艾米莉。大多数人都不知道她的突破。艾米莉决定告诉他们。在与琳赛的下一次治疗中，她提出写一封信，要在生日聚会上分享。

亲爱的挚友们：

谢谢你们来参加我的生日会！与你们每个人相识让我的生活在很多方面都变得更有意义。你们中的许多人可能还不知道，我已经找到了一种新的沟通方式——打字。这种方法确实改变了我的生活，我也竭尽全力去掌握，打字沟通带给我的影响是我无法用言语来表达的。我衷心地希望，在场的每个人很快都可以获得交流自己感受和想法的机会。感谢那些在你生命中帮助你的人，感谢他们付出的时间，他们帮助你成为最好的自己。无论何时，你都要全力以赴。再次感谢大家的到来，感谢大家聆听我的故事！

尽管她跟我们大多数人一样，在这段文字中表现得很有自信、情绪稳定，但仅凭表面的观察，还是无法了解她内心的情感。在琳赛读完了这封信之后，背后的故事才逐渐浮出水面。

今天，我的情绪很激动。也许是因为我又长大了一岁，我开始思考我应该怎样度过自己的人生。我应该还是会去大学里待一段时间。在这个世界上，有很多我想去的地方、我想见的人。虽然我会对未来感到焦虑，但这种焦虑也是我的一大动力。

我思考着我在学校想学习什么，可能会学习法律方面的内容。我想成为一位倡导者，为很多还没有找到自己声音的自闭症患者发声。我们中的很多人都被困在自己的身体里，与我们的大脑失去了连接。这是一种充满挑战的生存方式。这个群体需要一个坚强的后盾，来抵抗外界所有的冷嘲热讽。

她的文字震撼人心，特别是那些让我们深入了解自闭症患者的文字，就像在聆听一个盲人向你描绘他们的内心世界和他们所看到的东西。她用语言来告诉我们无法表达是什么感受。我们很难完全理解她表现出来的一切。

在这之前，艾米莉连一句完整的句子都没写过，更不用说一篇长文章、一首诗、一个短篇故事了。现在，所有这些内容都开始从她的指尖流淌出来。

我把艾米莉的文字拿给办公室的同事看。

他们中的许多人非常震惊,也非常支持艾米莉,他们还直接说,这证实了我一直以来对艾米莉的评价——她真的很聪明。一位好友回忆道,小时候艾米莉坐在我的办公桌前做数学作业:"我永远也忘不了她飞快地解完数学题的样子。"

并不是所有人都这么认为。

汤姆和我很犹豫,要不要告诉我们周围圈子以外的人艾米莉可以进行沟通了,还有所使用的方法。我担心他们可能不相信我们,或者可能会因为"帮助沟通"引发的争议来反对我们。感恩节就快到了,艾米莉想给朋友和家人写封信,这算得上是她作为一个交流者的首次公开亮相。

你们很多人可能还不知道,我找到了一种新的交流方式——打字。这种方法确实改变了我的生活,我也竭尽全力去掌握,打字沟通带给我的影响是我无法用言语来表达的。在这个感恩节,我希望我亲爱的朋友和慈爱的父母知道我内心的感激。我必须先感谢我了不起的妈妈。她从来没有把我视为一种负担,在她眼中,我就是一个聪明能干的人。对于她,我真的很感激,我很幸运能成为她唯一的女儿。接着,我必须感谢我的父亲。我真是太幸运了,可以把这样一位善良真诚的人叫作我的父亲。

我和汤姆挨着坐在沙发上,忍着眼泪读艾米莉写的信。

"看这个。"我告诉汤姆。接着我们一起读了后面的内容。

我想告诉你们的是:我是自闭症患者,但不是脑死亡。

请不要再低估像我这样的人。我们的确会发出噪声，会做出一些奇怪的动作。然而，我们最深的痛苦，就是外界认为我们没有能力做其他事情。感谢你们让我为自己是这个世界的一部分而骄傲，帮助我消除误解。请记得，我很感谢你们每一个人，感谢你们听我说这些话。让我们享用这顿晚餐，永远心存感激，从现在开始，用一种新的眼光看待自闭症患者。

我把头放在汤姆的肩膀上，哭了起来。我们的女儿有那么多话要说，她绝佳的口才被埋没了那么久。

"她的文字很美，"汤姆说，自己也拿起了一张纸巾，"她可能会同意我们把这封信上传到脸书上。"

我征求了艾米莉的意见。她觉得这个想法不错。

"什么情况？"汤姆的侄女安妮是亚特兰大的一名律师，在我发布了艾米莉的文字后，她立刻给我回了消息，"怎么可能呢？"她问。

我的脸书账号只有几个粉丝，而且我在社交平台上不是很活跃。所以我很惊讶这么快就收到了别人的消息。多年来，安妮与艾米莉很少联系，因为她住在美国的东南部，我们也很少去看望她和她的家人。然而现在，她迫切地想要见到艾米莉。我们向她介绍了情况，在结束聊天之前，安妮已经泪流满面。

她在自己的脸书页面上转发了艾米莉的文字。

"这是……我的表妹艾米莉·格罗丁……写的。她今年二十五岁，患有自闭症，在我和她相处的所有时间里，我们从来没有交谈过。我只听到过她说'嗨'。最近，她找到了自己的一种声音，让人难以置信。艾米莉，我爱你，我已经等不及要听你说话了！"

安妮的帖子收获的点赞数、评论数和分享数量如此之多，让我非常意外。全国各地的成百上千的人，那些不认识艾米莉的人，那些永远也不会见到艾米莉的人，都看到了这篇帖子，祝贺她，鼓励她，告诉她他们期待着她要说的话。

二十五年来，我们在抚育和培养艾米莉的过程中如此孤立无援，我敢肯定，艾米莉感受到了更深的孤独和孤立。现在，在与世隔绝长达二十五年之后，我们仿佛不再孤独。

艾米莉，还有汤姆和我，即将重新融入这个世界。从前，我不能理解为什么艾米莉的沉默让她与外界隔绝，不仅是隔绝了我和汤姆，还有那些想了解她、认识她的家人和朋友。现在，全世界都想聆听她的声音，都想认识她。我们终于意识到艾米莉的进步是真的。

有了这样的突破，她就能通过写诗来告诉我们更多她的想法。

艾米莉比以往任何时候都更快乐了，她满脑子都是想法和计划。一个计划反复出现在她脑中，那就是上大学，她特别想去圣莫尼卡学院（Santa Monica College, SMC）。我不知道她是怎么做出了这么具体的选择，除了偶尔在车里听一下美国国家公共电台（National Public Radio, NPR）之外——艾米莉不情愿地让我把 K-EARTH 101 和台内播放的八九十年代的音乐调到公共新闻台。KCRW 是一个国家公共广播电台成员站，他们从圣莫尼卡学院进行广播。我们收听的是美国国家公共电台的广播,接收效果最好。他们经常在广播中提到他们的站点位于圣莫尼卡学院。显然,她是在听广播的时候知道了那所学校。

我非常渴望成为一名大学生,她写道。我想选修一门政治学的课程,还有一些关于创意写作的课程。妈妈,我想说,谢谢您相信我有能力在这个世界上有所成就。爸爸,您一直是我最坚定的支持者,对你的感激我难以言表。你们为我提供的教育将我与世界其他地方联系在一起。

"大学。"凯利说着,服从地摇了摇头。我们共同努力才让她读完了幼儿园、学前班、小学,然后读完了初中和高中。现在又要上大学。我们一起翻越了那么多座山。

现在她想攀登珠穆朗玛峰。

18

(艾米莉的话)

同学们,你们好!

我的名字是艾米莉·格罗丁。我今年二十五岁,非常期待与你们所有人分享我大学的第一堂课。我很高兴能有机会介绍我自己,在整个学期中,你们一定会注意到我,我很感激能有这个机会向你们说明情况。

在很多方面,我和大家没有什么不同。同时我也是与众不同的。我有自闭症,在课堂上可能会不时地表现出一些不正常的行为。我会尽我所能不让大家分心,但我想事先获得大家的谅解。

我想让你们知晓,对我来说最有效的交流方式是打字,在这个过程中,我需要受过训练的交流伙伴提供帮助。尽管我有说话的能力,但我的想法和感受可能无法通过语言得到最好的传达。尽管如此,我还是希望你们每一个人都能对我打招呼。我愿意回答你们的问题,也愿意和你们交朋友。虽然我的回答可能会有些延迟,但我向你保证,我的回答都很真诚。

谢谢你们宝贵的时间,让我们一起度过美好的一学期!

在向南延伸的I-405公路上,车一辆接一辆地堵在路上,我皱着眉头,担心我们会迟到。仿佛突然间,洛杉矶的所有人都需要和我们走同一条路。

然而,坐在我旁边的副驾驶座位上的艾米莉却咧嘴笑个不停。她那唱歌般的声音让我的心情轻松了不少。她的热情和活力填满了这个狭小的空间。

"你心情真不错。"坐在后座的琳赛说。

"是的。"艾米莉用她那尖细的音调打趣着。她在座位上跳了一小段舞。

我们正在去圣莫尼卡学院的路上,去见她人生中的第一个大学辅导员,她将和艾米莉第一次讨论上大学的事。

停车后,我发现我们提早很久就到了。我们还需要和玛尔塔碰面,她会陪艾米莉去上课。在我们寻找残障学生中心并与玛尔塔商量碰面期间,琳赛偷偷离开了一会儿。

"看我给你准备了什么。"琳赛回来的时候,她递给艾米莉一个购于学校书店的书包。艾米莉拍了拍手,接过礼物,打开一看是一件圣莫尼卡学院的运动衫。她把运动衫拿过来,脸上堆满了笑容。

我们一起穿过校园,艾米莉在一群正在过着正常生活的大学生中间穿行。当她想象自己手里拿着新运动衫,站在他们中间时,脸上洋溢着喜悦。她爬得比以前更高了,她的头也扬得更高了。

在找到玛尔塔后,我们四个人签字进入了残障学生中心,在等候室坐下来,大家的兴奋之情溢于言表。在陪同艾米莉等待她的预约期间，我们看到一个拄着红头拐杖的人也进来寻求帮助，显然他在视力方面有障碍。接着进来的是一个坐着轮椅的女人。还有一些人走到主柜台前，寻求建议或服务，满足那些有学习障碍、精神健康问题和认知挑战的人的需求。

"欢迎。请问我能为您提供什么帮助呢？" 站在柜台后面的工作人员对每个走近的人都十分友善，散发着阳光般的暖意。

我立刻就被打动了。多年来，我带着艾米莉去各种各样的教育机构和学校，接待人员都会把我们看作一个需要尽快被打发掉的麻烦。

这位工作人员让人感到宽慰。

"嗨，艾米莉，我叫娜塔莉。" 前来迎接我们的五十多岁的女士邀请我们进入她的办公室，我们四个人挤在这个小房间里，"我是圣莫尼卡学院的一名特殊教育辅导员。有什么需要我为你们做的呢？"

我提前打电话与残疾资源中心的教师协调人娜塔莉·莱尔预约，向她说明了艾米莉的具体情况。

那是12月1日，三个多月前，艾米莉开始打字，说她已经准备好迈出这一大步了。娜塔莉从我们之前的谈话中得知，iPad是艾米莉沟通的方式。她等着琳赛把设备递给艾米莉、通过拉她的衣袖来提示她。

"我想知道怎样才能成为一名学生。"我担心艾米莉会在这次面试中退缩。我们在家里讨论了她的一个愿望——

即她要独立表达自己的想法,我们需要退居二线。现在,她正在这么做。

"你对什么课程感兴趣呢?"娜塔莉问道。

我想上创意写作课。

"那么首先你需要参加能力测试。"娜塔莉解释道。

好的。

艾米莉知道需要参加考试。在来这里之前我们已经在家讨论过,她需要取得好成绩才能参加普通课程。测试将在一个特殊的房间里进行,监考人员要确认答案是艾米莉自己输入电脑的,而不是琳赛。她应该没问题。

当我们讨论课程安排时,娜塔莉试图引导艾米莉选择个性化的素质类课程,像音乐鉴赏这样的选修课,还有那些不需要参加入学考试的课程。她给出了许多选择,艾米莉认认真真地听着。就是这样,有特殊需要的学生往往都被鼓励从简单的课程开始,艾米莉还是很有礼貌,但始终坚持自己的立场。

学习对我来说很重要。我想修政治学、历史和语言艺术方面的课程。

"所以我们得先安排一下考试时间,看看把你分到哪个班还有你可以上的课。"

好的,没问题,我会尽快参加考试。

"艾米莉可不可以给她的教授打一封信,介绍一下自己,这样行吗?"琳赛问道,她希望同学们在开课前能更多地了解她,我们在家里讨论了一下。"

"可以，但最好由我先发一封邮件。"娜塔莉说。

请让我亲自给我的教授们写邮件。作为一名大学生，我的独立对我的未来至关重要。

"我想我们可以安排。"娜塔莉对我笑了笑，然后把注意力转回到艾米莉身上，"你还有其他问题吗？"

如果我在课堂上制造噪声，我会被要求离开吗？

"你能解释一下你的意思吗？"娜塔莉问道。

我在紧张的时候会发出噪声。我真的很担心这会分散别人的注意力。

"目前来说没有必要担心，"娜塔莉说，"我们一步一步来。"

我们离开了学校，艾米莉紧紧抓着她的大学运动衫，笑容满面，就像刚中了彩票一样。也就是说，如果她能够通过英语水平测试的话，她即将成为一名真正的大学生，去修一门真正计入学分的本科课程。

一周后，艾米莉参加了大学英语水平测试。

"我对我的测试结果非常满意，我已经为下一步做好了准备。"考完试回家后她这样写道。

她得了 97 分，难怪她很高兴。当我一直坚持认为她很聪明的时候，我总是担心我可能把自己的愿望投射到了她的身上。

现在，所有的疑问都已消除：97 分说明了一切。

大约一周后，艾米莉和琳赛一起坐在餐桌旁，一台 iPad 摆在她们面前。汤姆在房间里，想听听艾米莉对这个世界的看法和她对自己的认知。琳赛说，艾米莉可能想写一首诗。

"你需要我帮助你开始写吗？"琳赛问道。

艾米莉回答的"不"响亮又清晰。她立刻开始写作。

在自闭症的范畴里，写诗是一种不太寻常的行为。很多人认为自闭症患者的表达是非常直白的，但诗歌通常充满了隐喻和跳跃的想象力，因此自闭症患者被排除在外。当一首诗像魔术一样出现在 iPad 上时，汤姆震惊不已。

（艾米莉的诗）

人们

人们

人们注释

人们评判

他们自认为了解真相，但他们一无所知

人们倾听

人们蔑视

像在毫无顾忌地厉声呵斥

人们索取

人们坦诚

那一群人努力维护团结

然后便不堪一击

人们小心翼翼
人们拉拢你想也想不到的人
尽管无知,我也不会沉默
他们会听到我的声音
他们会改变他们的观念

"她的文字一句一句地出现在屏幕上,我看得出了神,"汤姆说,"艾米莉不仅能够交流,她还是一位诗人。"

我们从来没有给她读过多少诗歌。我们让她有机会接触到所有的艺术——音乐、戏剧、视觉艺术、表演艺术、舞蹈、即兴表演、小说,只要你能想到的——但诗歌?我们从来就没有刻意引导过。然而,诗歌却成了她生命的重心。

汤姆特别高兴:"我的父亲埃迪,是一位备受尊敬的律师,但写作是他的第一爱好。每次我看到艾米莉打出这些文字,我希望他就在这里跟我一起读一读。他一定会特别激动。写作是他的激情所在。他会为她感到骄傲。"

在入学考试成绩公布后,艾米莉进入了圣莫尼卡学院英语(1)班,由帕奇奥里先生担任老师,这个班将于2017年2月开课。就在开课前,艾米莉(由琳赛拉着她的袖子)写了下面这封电子邮件。

亲爱的帕奇奥里先生：

您好！

我的名字是艾米莉·格罗丁，我就读于您所教授的英语（1）班，编号1910。在我的辅导员娜塔莉的建议下，我想借写这封信的机会介绍自己，告诉您我在课堂上可能会表现出的样子。

我需要告诉您，我是自闭症患者，但我真诚地希望您不要用这样的诊断结果来定义我。最重要的是我希望您能够了解我的沟通方式。在训练有素的交流伙伴的帮助下，我会把自己的想法打在 iPad 上。

有这样一个有经验的人在旁帮助是我能够表达自己的关键。我将和我的朋友玛尔塔一起上课，她和我在一起很多年了。

她很了解我，但她还在和我一起练习打字。我可能无法完全参与课堂讨论或回答问题，如果您能在课前提供材料，我便有机会在上课前做好准备。请您提前给我尽可能多的信息，我将尽我所能像我的同学们一样参与其中。

如果能为我安排一个靠近出口的座位，我将不胜感激，因为在上课期间我可能需要离开。有时我会发出一些声音、做出一些动作，可能会让其他人感到奇怪或不安。对此我想向您说明，我正在尽我最大的努力不扰乱课堂，所以可能会走出教室，让自己平静下来。

感谢您抽出时间，并欢迎您提出任何问题。为了让同学们更好地接受我的存在，如果我能有一个机会向全班同学介绍我自己,我将不胜感激。我会提前准备一些内容在iPad上播放。

再次感谢您的宝贵时间。我很期待见到您、进入您的课堂。

致以热情的问候。

艾米莉·格罗丁

玛尔塔会陪同艾米莉去上课,因为琳赛在那段时间里还有其他客户。玛尔塔会为艾米莉做笔记,如果艾米莉出现崩溃,她会在崩溃造成破坏之前把她带离教室。

如果艾米莉被要求回答问题,她也会帮助艾米莉在课堂上给出她自己的答案。

第一天,艾米莉早早地起床穿好了衣服,非常兴奋地等待开学。那是2017年2月。她从来没有因为上学这件事跟我发生过矛盾,她一直很喜欢上学,但我从未见过她如此兴奋且满怀期待。她不仅要上学,而且要上大学,上她自己喜欢的课。这是她第一次在生活中表现出自主性,让她能够追求自己心中所想。

在她离开家之前,我们聊了聊。

今天,一扇新世界的大门将为我打开。我已经为大学生活做好了十足的准备。

"你在担心什么吗?"

我们能不能再想想有什么方法可以让我不在学校发生

情绪崩溃?

我们一起回顾了一些有效的方法,其中包括呼吸、如需整理自己,就走到教室外、提醒自己可以控制自己的身体、想象把自己的哭声关在一个木箱里。

我要走了,妈妈。今天我很兴奋,我终于等到了这一天。我等不及想向大家证明我可以做到。不敢相信我成为一名真正的大学生了!这是非常有纪念意义的一天,我会认真度过。

在开学日之前,艾米莉给她的同学们写了一封信,回答了他们提出的关于她自己的问题,好让他们放心。

后来,玛尔塔为我讲述了这一幕。在点完名,复习完课程大纲后,帕奇奥里先生邀请艾米莉朗读她为同学们写的信。玛尔塔和艾米莉站起来,走到教室前面。玛尔塔按下iPad按钮,艾米莉的信就被播放了出来。

同学们好……

当iPad渐渐安静下来时,教室里几乎每个孩子都眼含泪水。他们想让艾米莉知道他们希望和艾米莉成为同学,所以鼓掌对她表示鼓励。玛尔塔告诉我们,那一刻,艾米莉露出了灿烂的笑容。

19

(艾米莉的话)

我想亲自向你们讲述一下我的感情生活。

我是想跟你们聊一聊独自一人生活、没有男朋友的那种孤独。我担心我永远遇不到我的另一半。因为我需要一位能给予特殊支持的男性。我对尼克的女朋友很好奇,因为我想知道他喜欢什么样的女孩。对任何一位男性来说,我觉得别的女孩能给到的东西比我更多。我不能说话。我也会发出噪声,我会咆哮、大喊、击打或抓挠别人,也会掰手指。除了我的父母,我不想让任何人看到这样的我。也不希望别人对我抱以同情。我知道我需要遇到一位单身的男性。但我还没有遇到那个人。

我应该去哪里遇到这个人呢?我想不出太多的场合。去跳舞、去参加聚会或者在学校。我知道人们会通过网络去交朋友。那么我在社交网站上应该做些什么呢?我想让别人知道我很聪明。

我是个有趣的人,有很强的幽默感。我有很多兴趣爱好,我对政治、宗教还有大多数人们都会谈论的事情都很感兴趣。这是独特又奇妙的。我是特别的,我通过打字来表达自己。每当人们了解到我的特别之处，我会很开心，我会向大家展示自己，并真正成为生活的参与者。在以前，要做到这些会比较困难。

当我们进入洛杉矶山谷学院的学生娱乐大厅时，我很紧张，但也很兴奋。正值午餐时间，黑人学者俱乐部正在为他们不定期举办的诗歌朗诵会做准备。一位年轻人在桌子堆了几盒比萨，意大利香肠和青椒的香味向我们飘来。一名年轻人忙了一边摆着几罐苏打水，一边和另外一个同学开着玩笑。大厅里摆满了大圆桌，其他人把椅子放在大圆桌的周围。中间的区域被一个壁炉围了起来，作为临时舞台。

那天是阴天，艾米莉穿着一件柔软的黄色连帽毛衣，衬托着她的深色头发。她选择了一副极酷的黑框眼镜，在镜片后面，她的眼睛明亮而专注。紧身牛仔裤和匡威鞋让一个来自加州南部的普通大学生形象更加完美。她和我们一起待在大厅的后面，但她很认真地盯着比萨。

艾米莉曾经参加过几次这个社团的诗歌朗诵会，并深受启发。但今天，她不再只是观众中的一员。她是一位崭露头角的诗人，即将首次在大家面前朗诵。

这是一条漫长而又时常令人激动的道路。

在艾米莉开始交流后的两年里，她选修了一些大学课程，先是在圣莫尼卡学院，然后是在洛杉矶山谷学院，包括英语1和英语2、非裔美国文学、历史、诗歌和心理学。玛尔塔或琳赛会陪同上课，在她身边做笔记，如果教授问她问题，她们可以帮助她打字，她可以上完每一堂课并完成所有的作业。她每天会花几小时完成老师布置的论文，还要为考试做准备。对待功课，她十分认真。

在她修的每一门科目中，她都不可避免地在第一堂课上出现了崩溃。每当这种情况发生时，琳赛或玛尔塔就会把艾米莉带出教室，然后带她回家。一旦她平静下来，她会告诉我们她为什么没能控制住自己激动的情绪，进而引起了骚乱。不过，在第一次的崩溃之后，她就能够安静地待在教室，认真听讲并吸收知识，克制自己不发出声音。就好像她需要通过那一次的发泄才能安定下来，继续学习。我偶尔会和她一起上一节课，我惊讶地发现她专心上课的时候是多么安静、投入和勤奋，就像是另一个艾米莉。

她成了一名优秀的学生。有一天，琳赛正在和她一起复习英语课堂笔记，准备即将到来的考试。当琳赛准备和艾米莉讨论细节的时候，她发现艾米莉不需要复习，也不需要任何人提醒她教授讲过的内容。她几乎可以一字不差地背出课上的内容；她的记忆力是那么精确，注意力是那么集中。

每当需要参加考试，艾米莉都会去学院的考试中心完成考试，琳赛会辅助她。监考人员会在旁一直观察着，以确保艾米莉是打出答案的那个人。相信我，艾米莉是不会作弊的。她想向我们，向她自己，向这个世界证明些什么。她很聪明，想展现给我们看。

她的 GPA 很出色。艾米莉正在飞速进步，她甚至为我和汤姆做了顿晚餐。

(艾米莉的话)

周二的晚餐

对其他任何人来说,这只是一个星期二。门于像我这样的人来说,这是一个机会,可以回报那些为我倾其所有的人。翻阅着这些食谱,我不禁想知道,玛莎·斯图尔特是否真的烹制了她众多食谱中的数千道菜,还是她背后有一个团队在制作和测试的。一般家庭主妇做得更好的烹饪大师不可能一个人搞定所有的事。我不是玛莎·斯图尔特。尽管如此,今晚轮到我下厨了,我们开始吧!今晚的菜单是牧羊人派和沙拉。我翻开那本家庭食谱,准备把原料清单转换成购物清单。该死的,我的笔迹看起来就像一个刚学会走路的孩子画的涂鸦!

我还是直接带上菜谱吧!我真的不喜欢牧羊人派。如果可以的话,我从来不想吃其他食物,除了蛋糕和意大利面。妈妈努力把各种食物安排进我的饮食中,再加上她一直很在意我的独立性,才有了今天这份任务。周二晚上的这顿晚餐,由我亲自奉上。

也许我在思考什么才是真正的独立。一个没有能力独立生活的人还在继续生活着,多么有趣。我的身边总会有人照看,以防我崩溃。确实已经发生过很多次了,有时我会失去控制,在焦虑和恐惧的风暴中变得无能为力。我会等待它过去,然后开始进行灾后评估。

说不定学做饭在某些方面会对我有帮助。也许只是能够帮助我，让我能够控制自己，也许这就足够了。我确实很喜欢做饭。我真的觉得做饭带给我一种成就感。

在迷宫般的杂货店里，看着那些过道，我常常难以集中注意力。我的思绪几乎迷失了，因为我不得不通过过度敏感的感官系统接受大量信息。对任何人来说，接收这样的信息可能是轻松的，但对我来说，这种程度的信息在任何时候都会让我感到眩晕。灯光在闪烁。地上的鞋子是不同的，每个楼层都有不同的声音。我可以听到一切。在我的脑海中，这些声音像龙卷风一样盘旋。我被夹在中间，无能为力，不得不在混乱中寻找我需要的东西。

我的动作是疯狂的，我必须完成任务。我的思维方式是这样：我面前有数以百万计的小方框等待被勾选。如果我能够更容易地勾选它们就好了。我一直在等待一个提示，一个可以让我行动起来的提示，然后我可以完成购买。我知道我需要做什么，但我却僵在那里，期待着某个人的声音或手势来触发我的行动。我希望有一天这种状况能消失。我终于从商店买到了我需要的东西，然后回家。

土豆，我得把它们煮熟。胡萝卜和洋葱，我需要切成片。用刀的时候，我必须集中注意力，要控制自己。我正在寻找放慢脚步的平静，哪怕是切一两根胡萝卜的时间。也许我的父母能亲眼见证这是可能的，也许很快我可能就不会那么依赖他们了。我知道他们需要休息。更少地被依赖也就意味着当他们的孩子变得更加自立，甚至可以离开家独立生活时，他们就像普通父母一样。今晚,我只是为他们做了一顿晚餐,而此刻,这顿晚餐已经足够。

屋子里飘荡着各种香味,听到爸爸说他很期待,我为自己的手艺感到自豪。我感到无比兴奋,不是因为我是个女人,觉得在厨房里为男人做饭是我的小小,而是因为我是一个患有自闭症的成年人,现在能坐下来和这两个在我二十八年的人生中倾尽所有为我争取一切的人一起享用我做的饭菜。今晚,让我去填饱他们的肚子。这一次,让我成为奉献的人。

2017年7月,当琳赛第一次宣布她要搬离洛杉矶时,我们已经决定将艾米莉从圣莫尼卡学院转到洛杉矶山谷学院。那所学校离家更近,而且能更容易地雇用到一个"帮助沟通者"。艾米莉仍然有玛尔塔在身边,玛尔塔可以和她一起打字并陪她去上课,但我们希望能找到另一个可以帮助艾米莉做作业和学习的人。

琳赛推荐了斯蒂芬妮,她曾经是琳赛的室友,是一位年轻女性;她师从琳赛,从那里学会了如何"帮助沟通"。斯蒂芬妮和琳赛一样,聪明又热情,她可以和艾米莉开玩笑,还会对她循循善诱。现在,艾米莉和斯蒂芬妮或玛尔塔一起上课,在周末,一个叫尼克的年轻编剧会来跟她一起进行创作。尼克是一个英俊的印度裔年轻人,他已经学会了做一个"帮助沟通者"。

艾米莉和尼克一起写作真是太有趣了。艾米莉经常会八卦他的感情生活——她正在收集二十多岁年轻人情感关系的素材。尼克离开后,她又去向斯蒂芬妮讲了。她还将自己的经历虚构成故事,并把这些故事告诉了尼克。她精心编造了一个故事,说斯蒂芬妮如何暗恋尼克,还想跟尼克在一起。这种情况持续了好几次,我相信她最终会告诉尼克这是一个恶作剧。但很明显,她还是继续编着,我就去做了了断。

她还虚构了其他内容,包括她坚持说她经常看尼克的电视剧,他要么是编剧,要么对这些桥段很熟悉——这些都不是真的。艾米莉不仅是一位诗人,还成为一位富有想象力的小说家。

我不知道尼克有没有发现艾米莉在跟他开玩笑。说实话,我觉得艾米莉对他有好感。通过向尼克提问,她正在了解同龄人之间的浪漫关系是怎样的,她在用她编造的故事考验他。她还认真地写诗。

那是 2018 年 11 月。这一天,尼克将加入我们成为艾米莉的交流助手,一起去参加她的第一次诗歌朗诵会。自从来到洛杉矶山谷学院,艾米莉就知道了很多课外活动,其中有一个是由黑人学者们赞助的诗歌活动。我提前给活动负责人打了电话:"艾米莉可以参加吗?"我向对方说明了艾米莉的行为局限性,也陈述了她不是黑人这个事实。负责人以极大的热情对艾米莉的加入表示了欢迎。

上个星期天尼克来到家里的时候,我提出建议,看他是否愿意陪艾米莉一同前去,为她朗读她的诗。

他很热情。"你想去吗,艾米莉?"他问道。

"是的。"她毫不犹豫地表示了同意,充满了热情。

"我可以站在台上介绍你。"尼克建议道。

"我会为你发声,代替 iPad 朗读你的作品。所有人都会知道这些诗句是你写出来的。你觉得怎么样?"

"好的。"她说。

但此刻,我还是不确定艾米莉能不能顺利参加这次活动。她看起来有点害怕,不知所措。不过,在尼克来了之后,他们俩一起走到比萨桌前,拿了一块比萨。如果她在吃比萨,那我可能多虑了。也许只是来参加这次诗歌朗诵会,她就已经很满足了。

很快,房间里安静了下来,主持人请大家就座。我和玛尔塔坐在后面,我已经拿出手机准备录像了。我想把这一刻记录下来。首先上台的是一个学生,接着另一个学生也在礼貌的掌声中站了起来,朗诵了自己写的诗。我朝尼克和艾米莉坐的地方看了看,想从她的姿势判断她是不是准备好上台朗诵了,看上去她准备好了。

主持人在第三位学生朗读完毕后站上了台,身子探近麦克风:"今天这里有一位同学,她来当过我们的观众好几次了,不久前她刚决定和我们分享一下她的作品。这就是我们举办这个活动的意义,朋友们,让我们摆脱自我,分享自我。她会带着她的一个朋友上来,让我们有请这位同学。"

尼克和艾米莉走上了舞台。

"这是艾米莉,"尼克对围坐在舞台周围的三十多名黑人学者介绍道,"我要朗读的是她的作品,我站在这里只是为了帮助她。"

在他开始朗读之前,他向台下的所有人简短地介绍了艾米莉的情况,解释说她是一名二十六岁的大学生:"像你们中的很多人一样,她喜欢读书、关心政治、喜欢看电视和电影,和其他同龄的女性没什么两样。"

尼克告诉大家,他之所以也站在台上是因为艾米莉患有自闭症。"自闭症只是她的表面,不是真正的她,这只是她生活的一部分。"他解释说。

"我知道你们当中很多人都是少数族裔,都能体会到这一点,就像棕色皮肤并不能说明我真正是谁,"尼克说着,很轻松地就以这样的方式融入了台下的这个群体,"肤色不能代表我这个人,但这绝对是我生活的一部分,我不会对此做出改变。在某种程度上,自闭症也是一样。"

尼克向大家讲述了艾米莉面临的挣扎:"我们都会有这样的经历,我们感到饥饿,感到口渴,或是喝了咖啡,或是心烦意乱,或是疲惫不堪,所以我们无法集中精力做我们想做的事情,我们甚至无法思考。自闭症就是这样,就像你拥有两个大脑:一个能感受到饥饿、口渴,任何事情都会分散你的注意力,另一个是你每天会思想的大脑。"

他邀请在场观众去想象,艾米莉每一天、每时每刻,都会面临那样的冲突。观众们都点了点头。

"这就是艾米莉和那些自闭症患者的情况。最重要的是,他们的身体不听任何一个大脑的指挥。想想每天每时每刻发生的所有事情，每个人都看着你，他们不理解你，也认为你什么都不懂，但实际上你理解得比他们更深，因为你被困住了。很多自闭症患者都是这样的，艾米莉跟我描述过她的感受。"

艾米莉站在他身旁，看起来有点紧张，但基本上是处在一个舒适的状态，对尼克的话微微点了点头。

就这样，尼克开始向大家朗读艾米莉写的诗。

当艾米莉的诗朗诵结束时，房间里全是掌声。在场的几乎所有学生都是有色人种，而艾米莉在这里，是一个传统意义上的白人，她来自特权阶层。尽管如此，其他学生和艾米莉之间还是产生了一种联系，一种理解。他们都努力证明着自己，消除了那些根本不能证明他们的偏见和歧视。他们找到了克服这些困难的方法。艾米莉和黑人学生都知道，第二天，同样的困难还会在等着他们。然而，在午餐时间的诗歌朗诵会中，在一起吃比萨的这段时间里，他们找到了一种方法，超越了那些局限和偏见。他们找到了一种相互联系、共情的方式。

20

艾略特曾在他著名的诗作《小吉丁》(*Little gidding*)中写道:

"*我们将不会停止探索*

所有我们探险的终点

就是我们再次出发的起点

也是我们第一次到达的地方"

因为艾米莉,汤姆和我正在学习更多关于诗歌的知识,作为律师,这是一种我们从来不会使用的语言。同时,诗歌也让我们更加了解女儿和我们的共同生活。在我们计划着一件我发誓永远不会再做的事情上,艾略特的这些诗句显得尤其贴切:与艾米莉再去欧洲旅行。

一直以来,她都对伦敦充满好奇和向往,我也经常希望能带她去巴黎看看,我和汤姆曾在这个城市待过很长时间。也许这一次,我们会像第一次一样去了解欧洲还有我们的女儿。

我通过法国航空公司订了机票。我们还在巴黎时,我安排了斯蒂芬妮在旅行中途加入我们,然后继续前往伦敦。这样,如果有斯蒂芬妮在身边,艾米莉就可以自由地打字,记录下她的想法,同时,汤姆和我也可以享受一些与艾米莉独处的时光。

这趟飞行很轻松,我在艾米莉的 iPad 上下载了视频,让她的注意力都集中在上面。但是,我们一到达,热浪就扑面而来。一天之内,水银就上升到了 110 华氏度(约等于 43.3 摄氏度)。

在登记入住酒店后,我们出去散步,参观了老佛爷百货公司(Galeries Lafayette),这家位于巴黎的高档百货公司拥有一座屋顶花园。黄昏开始褪成傍晚。虽然艾米莉跟我和汤姆一样疲惫,但她还是以开放的心态享受了这次欧洲之旅。

与爱尔兰之旅不同,在巴黎,不管我们拉着她去哪个景点,她基本上都能忍受。

艾米莉站在屋顶花园的边缘,欣赏着她脚下展开的灯光之城,她的脸上洋溢着快乐。

她脸上充满了敬畏和满足的表情。我在脑海中定格下了一张日后可以珍藏的照片:这是我的女儿,她沉浸在巴黎的气息中,她很高兴来到这里。

大约一天后,我们带艾米莉去了穆夫塔德街,美食作家露丝·赖克(Ruth Reichl)说过:"在巴黎的清晨沿着穆夫塔德街散步,在感官上是一种完美的体验。每年的这个时候,街上都弥漫着草莓的香味,肥厚的白芦笋到处都是,带着一种奇怪又强势的气息探出头来。而此时,花椰菜害羞地蜷曲在保护它们的绿叶中,仿佛不愿露出头来,面对那一簇簇鲜艳的草本植物。"

我想和艾米莉分享露丝的这段经历。

虽然在我珍藏的那篇引人入胜的文章中,作者提到游览时间是清晨,但我们恐怕也到得太早了。我想和艾米莉分享这段经历。

虽然我所珍视的那篇鼓舞人心的文章提到了清晨是参观的时间,但恐怕我们到得太早了。显然,法国的"清晨"和美国的"清晨"完全不一样。我们在 9 点左右到达,而我们知道那条街要到 10 点才会完全苏醒。不过,我们还是悠然地漫步在附近的鹅卵石街道上,大多数商店都还没有开门。在那里,我们可以找到喝茶的餐厅、糖果店和几乎所有种类的食物。在某一时刻,我稍稍退后了一些,看着我女儿在这条法国小道上走来走去。她对她所看到的一切都充满了好奇。

艾米莉全神贯注地观察着这个世界,沉浸在这个世界给她呈现的宝藏当中。我看着散步的她,觉得她有点像负责的领队,走在前面,充满了热情。她穿着一件可爱的小连衣裙,边走边晃。你差不多可以说她的步伐是大摇大摆的。她就是花衣魔笛手[1],带领着我和汤姆穿过巴黎的街道。

斯蒂芬妮不在,我们无法让艾米莉详细告诉我们她的感受,还有她想要什么,但她的表情说明了一切。她欣喜若狂,高兴极了,整天咧着嘴笑,而且非常容易沟通。

当然,在整个旅途中,汤姆和我都保持着警惕,担心

---

1 译者注:通常用来指代那些善开空头支票的领导者。这里主要是形容艾米莉的欢快与幽默。

会有什么我们没有预料到的事情发生。我们怎么能不担心呢？我们没有一天不屏住呼吸，这就是我们要关注的现实。我们并不是不相信艾米莉会表现良好，只是我们知道她的自闭症仍然是一个问题——即使她越来越适应这些局限，或者就把自闭症当作一个问题，她反而在情绪激动的时候更容易被说服。我和汤姆仍然看着对方，寻找着艾米莉有没有崩溃的迹象。我们还是会问对方"艾米莉还好吗"，我们总会很留心。

现在，在穆夫塔德街的这一刻，我认为这就是欢乐的时刻，让我们有机会像一家人一样团聚在一起，无忧无虑地在国外生活，感到幸福快乐。

几天后，斯蒂芬妮到了巴黎，我们一起去了埃菲尔铁塔。我们很困惑，不知道该乘坐哪部电梯，我们挤在我们找到的那部电梯里，这时，一个声音响起："这部电梯坏了。"

我是第一个听到这个通知的人，也是离电梯门最近的人。

"来吧，我们走吧！"我拉着艾米莉和斯蒂芬妮。我们穿过楼道奔向另一部电梯，艾米莉笑了起来。

汤姆觉得电梯太狭窄了，不适合他乘坐，所以他留了下来，而斯蒂芬妮、艾米莉和我则登上了另一部电梯，并尽可能地找到了最佳的观看位置。

之后，我们去了河的右岸，从特罗卡德罗的角度给斯蒂芬妮和艾米莉在埃菲尔铁塔前拍了一张合照。如果你想把整座塔都框在照片里，你必须站在那么远的地方取景。为了这一刻，我为女孩们准备了红色贝雷帽和鲜红的口红。

她俩笑得很灿烂,这是我梦寐以求的场景。

参观完埃菲尔铁塔后,我让斯蒂芬妮拿出了 iPad。

"我们看看艾米莉有什么想说的。"

艾米莉告诉我们,她不想在那个时候写东西。

她更愿意简单地沉浸在这样的体验中。后来她打字说,她正在处理一切信息,她想整理思绪。

在巴黎的最后一天,我们回到了左岸的香榭丽舍大街,在绿树成荫的街道上闲逛。斯蒂芬妮还没有来过香榭丽舍大街,这是第一次到巴黎的人必须游览的景点。我们得知,环法自行车赛将在当天下午晚些时候举行,大约是 4 点。我觉得我们会有足够的时间离开那里,以防交通管制后街道关闭。

走过河,我们在香榭丽舍大街上的人群中漫步,他们兴奋地看着环法自行车赛的最后一站。当我们游览完,想回到位于香榭丽舍大街北侧的酒店时,我们发现所有返回北侧的人行横道都已关闭,以迎接参赛选手的到来。我们不知道怎么才能回酒店。一开始,我们叫了一辆出租车,司机开到了各个方向去,也并没有让我们更接近目的地。出租车一直在塞纳河上的桥上穿行,我们都快崩溃了。在付了四十五欧元的车费后,我们终于在左岸的新桥上下了车,结束了司机和我们的痛苦。

这时,斯蒂芬妮掏出了她的手机,她和艾米莉商量了起来。然后,两个女孩将地图拿了过去,在上面描出了我们回酒店的路线。

"跟我们来。"斯蒂芬妮说,她和艾米莉像子弹一样冲了出去。我们能跟上她们的唯一原因是艾米莉的头发一直在我们前面晃动,为我们指明方向。每次我和汤姆以为我们知道正确的方向,结果发现我们完全错了。

幸运的是,购报亭那会儿已经消退,所以我们没有汗流浃背。艾米莉和斯蒂芬妮一起把我们安全地送回了酒店。

接下来是通往伦敦的海底隧道。火车上有很多人,我向艾米莉说明了我们在哪里。

"艾米莉,我们在水下。"她对我们探险的下一步表示兴奋,并接受了这一切。

"不,还没有。"汤姆说,"我们还没到那里。"

灯光很暗,我很确定我们在海底,我又重复了一遍。

"我们没有。"他反驳道。

然后火车上的灯光突然变亮了。"哦,我想我们确实是在水下。"他承认道。我们都笑了。

斯蒂芬妮带着一对她从男朋友那里借来的 Bose 降噪耳机。当她看到艾米莉被火车上的声音和所有乘客影响时,她把耳机递给了她。

"艾米莉,你需要听听这个,它会让周围变得很安静。"

艾米莉摇了摇头。多年来我一直想让她戴上耳机,这样周围的杂音就不会那么刺耳,她总是拒绝我。这一次,虽然一开始她也不愿意,她还是允许斯蒂芬妮为她戴上了耳机。这些声音一被掩盖,日常生活的噪声就柔和了一点,艾米莉的脸上露出惊喜的神情,她惊讶得眼珠子都快跳出来了。她仿佛置身于另一个世界,一个只为她自己而设的更舒适的世界。

对艾米莉来说,伦敦之行从头到尾都是一次宝贵的经历。我们看到了所有她想看的东西,做了她想要做的一切。大本钟(虽然它被掩盖起来进行修复)、泰晤士河、伦敦塔、威斯敏斯特教堂、白金汉宫——她特别喜欢那里的国宴厅,对伦敦各处的现代化感到惊讶。

每天早上在饭店吃自助早餐时,艾米莉都会饱餐一顿。培根、鸡蛋、牛角面包、酸奶,应有尽有。厨师们设法把煎蛋一个接一个地叠在一起,这样客人们就可以取出一两个放到他们的盘子里。艾米莉费力地去取滑溜溜的煎蛋,嘲笑自己怎么都端不稳,看着这样的她真令人欣慰。她玩得很开心,能够很轻松地处理事情,一点压力都没有。

我们买了在伦敦西区凤凰剧院《远走高飞》(come from away)的日场票。那天早上我们去参观了丘吉尔二战指挥室。在展馆里游览了很久之后,我发现离剧目开始还有一段时间。威斯敏斯特教堂就在附近,我们可能正好还有时间去参观一下。

"我的女儿是残疾人,"我对咨询台的人说。入场参观的队伍排了很长,我们可能没时间了,"有什么办法可以让我们排到队伍前面去吗?"

"你有残疾证明吗?"他问道。我一般不会用艾米莉的残疾来要求特殊待遇,现在我很窘迫,我拿不出什么证明。

"没有。我们从加利福尼亚来。她患有自闭症。"

"哦,好的,没有问题。请去那边吧!"

多亏了他的理解,我们以破纪录的时间入场参观了,很顺利。因为威斯敏斯特教堂是艾米莉那次旅行中最喜欢的地方之一。她后来告诉我们,她希望我们在那里多待一会儿,就有更多的时间去享用炸鱼和薯条大餐了。

在我们参观过的所有景点中,她最喜欢类似修道院这样的教堂。她喜欢坐在教堂里,静静地发呆。她环顾四周,把一切都看在眼里,感受它的凉爽、宁静。有趣的是,她对教堂的喜爱程度,跟她对犹太教堂的厌恶程度一样。首先,你可以自由地走进教堂。但现在,你再也不能随意地进入犹太教堂了,它们已经变成了武装营地。每次旅行,我们都发现艾米莉喜欢去教堂。在伦敦的时候也是一样。艾米莉喜欢教堂的艺术感和空旷、高大的空间。艾米莉坐在一间又一间教堂里,怀着敬畏之心,带着一种祈祷、沉思的情绪,很平静。

这次旅行的方方面面都与爱尔兰的混乱截然相反。沟通改变了我长期以来梦寐以求的体验。虽然爱尔兰是我"梦想"的旅行,我让艾米莉体验我小时候经历过的世界,但那趟旅途最终未能实现我的梦想。相比之下,这次欧洲之旅非常完美,甚至收获更多。

我们近距离地观察着艾米莉每天的变化,现在我们能更好地与她相处,对此我们充满感激。虽然她不随意表达自己的感受,但她彻底地投入到这次旅行的每一个行程当中,并且一直在等待着在合适的时机进行表达。我和汤姆看到她如此专注，如此享受我们精心安排的每一分钟，心中的感激之情无法言说。爱尔兰之旅已经被我们淡忘在记忆中，在巴黎和伦敦的所见所闻，让我们沉浸在了快乐之中。

后 记

(艾米莉的话)

我能写出非常清晰的文字,所以大家都疑惑为什么我不能这般清晰地说话。在我所在的地方,人们喜欢用文字表达,也会分享自己的文字。每天睡觉前,他们会一起阅读一本书,共同体验语言的力量。我一边倾听,一边想象,跟他们交流时也就能捕捉到信息,但他们还会疑惑我是怎么知道这些信息的。

如果我说,差异可以存在,人之所以为人,在于他身上的"怪异之处";如果我说,我身上没有太古怪、太奇怪或太难相处的特质,他们会不会好奇我如何学会了发现自己的美?我如何从过去经历中找到让自己平静下来的方法?

在我所在的地方,家常菜的味道会一直萦绕在我的鼻孔里。我的餐盘里总是盛满了食物,承载着无言的爱。一桌人满满地围坐在我周围,我们一同享受着的美食,在他们撑起的保护伞下,我感到安心舒适。

在我所在的地方,会听到用异域的喉音讲出的希伯来语。对我来说,这是一门相当陌生的语言,却时刻提醒着我根在何处。

传承是一个借口，我们借以怀念传统并传宗接代。我身体里流淌的血液告诉我，要为几代人的记忆感到自豪。

在我所在的地方，为自己站出来并保护那些需要帮助的人需要莫大的勇气。游行和倡议不是一种选择，是至关重要的一种责任。我们可以改写叙事。如果定义是错误的、站不住脚的或误导他人的，我们可以改写定义。

在我所在的地方，能听到人们内心的声音，能感受照在我皮肤上的炙热灯光。类似"刺激""行为"和"崩溃"这样的词语反复出现，好像它们并不是用来定义我的。幸运的是，在我所在的地方，人们可以将自己与刻板印象和常识区分开来。

结束了快乐的欧洲之旅后，我们回到了日常生活中。艾米莉现在可以通过iPad与我们和她周围的人交流，她的世界尽可能地向外敞开了，但很多事情还是没有改变——这个社会上总有一些人想要迫害异己，有时甚至会用残酷的方式。

她的创意写作课快要结束了，班上一个同学在最后一次作业中嘲笑并讥讽了艾米莉。按要求，每位同学都要向全班介绍一个故事。这位同学写了他的一个自闭症朋友的故事。故事里，第一人称的叙述者想让那个自闭症男孩嗨起来，就给他吃了含有大麻的布朗尼蛋糕。然后，这位朋友利用这个机会告诉自闭症男孩，他在很多方面都不正常，他的行为都是错误的，他还一五一十地详述了男孩招人厌恶的那些特质,称这都是男孩自己的错。在故事的最后,叙述者说他恨这位男孩,并称呼他"患有自闭症的蠢货"。所有这些内容都是在课堂上朗读的,而艾米莉就坐在教室里。当然,她对这个故事很不满,她给教授写了信。

"我尽力要忘记刚刚听到的迈克尔写的故事。这个故事是公然的冒犯、令人作呕,我对我的同学感到非常失望。在我的群体无法为自己辩护的时候,我希望自己可以为他们站出来……我相信文字是强大的,故事也是有力量的。但是他以这样的方式去使用文字,就是加深了外界对自闭症患者的误解和排斥。"

艾米莉和教授想出了一个办法来解决这个问题。

由艾米莉做一次演讲,关于"文字的力量"。他们决定要一起"教导那些缺乏同情心的人"。

我想知道那次演讲是否改变了这个年轻人对自闭症患者愤恨的态度,让他不再恶语相向。

我不知道。

我只知道这次经历让艾米莉非常痛苦,但她却以优雅和庄重的姿态应对了一切。我希望我能够消除自闭症有关的污名。在艾米莉的有生之年,这可能会成为现实,但在我的有生之年,已经不太可能。

不久前,我和汤姆正在为一件小事争吵,起因是我们雇了一个承包商,他完成的工作质量太差,于是我们产生了分歧。我打算解雇这个人,但汤姆不希望我这样做。我不能就这么算了。对这件看上去不太重要的小事,我不打算善罢甘休，汤姆受够了，他开始反击。很快，争吵爆发了。

这次争吵演变成了对我们婚姻的批判，突然间，我们不再为承包商而争吵，而是在谈论我们的婚姻关系。没错，为我们的婚姻而争吵。

当年，结婚不久的我们意识到，艾米莉的需求和我们需要为她肩负的责任让我们踏上了一条与我们认识的几乎所有人都不同的人生轨迹，我们都感到很沮丧。我们怀着些许期待成为父母。基于我们自己的成长背景，我们所受的教育和我们获得的职业成就，我们设想着我们的孩子会上私立学校，我们会通过她扩大我们的朋友圈，她会邀请朋友来家里玩，他们长大之后会一起出去玩。她的朋友们和朋友的家人们会成为我们的朋友，所以我们会认识越来越多的人。我们还希望生更多的孩子。

这些都没有成为现实。我们朋友圈没有被扩大，我们也没有再多生孩子。做这个决定让人痛苦不已。

我们一直在等艾米莉成年，那时再考虑要第二个孩子。尽管我们进行了基因测试，我们还是无法确定厄运会不会再次降临。我们知道我们没有足够的精力来照顾第二个患有自闭症的孩子。艾米莉出生的时候，我们已经是年纪较大的父母了，照顾她已经让我们精疲力竭。更糟糕的是，我们发现从前的那个世界已经把我们拒之门外了。即使是那些我们认识的有特殊需要的孩子的家庭也不太合群，包括我们自己，因为我们的孩子总会有不可预测的行为，这种挑战总是让我们紧张不安。我们在一个很小的世界里生活着，专心照顾艾米莉,努力满足她的需求。虽然我们不能代表其他家庭,但这就是我们所经历的。幸运的是,我们三人都有了自己的工作和生活,还有了同事和朋友,在家庭内部出现问题时,这些人和事帮我们分散了注意力。

我们的社交生活十分有限,我们婚姻中最大的压力便来源于此。因为很少有人能理解我们面对的困难,我们只能把问题抛给对方。除了抚养艾米莉,我们没有追求其他兴趣爱好。我们的生活变得非常简单:工作和艾米莉,这给我们的关系带来了很大的压力。现在,一切都到了非解决不可的地步。

"我非常不快乐,"我对汤姆说,"我的意思是,现在这个情况下,我们当然要在继续在一起,我们当然要为未来考虑。不过,很多时候,我还是感到悲伤和孤独。这不是我想要的婚姻。"

"相信我,瓦莱丽,"他回过头来看着我,"你不是唯一一个不快乐的人。这也不是当初我想要的。"

听到他这么说,我有点震惊。这么多年来,我确信我是唯一一个在这些情绪中挣扎的人。在我们的婚姻中,他似乎很快乐,满足于生活给予他的许多东西。我一直被自己的愿望和欲望所困扰,我以为他没有自己的愿望和欲望。我相信他对现状感到满意。现在,在我们结婚近三十年后,我才知道他并不满足。

"你知道,我已经尽我所能来维持我们的婚姻。"我辩解道。我觉得我已经用尽了我所有的精力,甚至更多的精力让我们都能够应对这样困难重重的生活。去平衡真的很难,我一直在尽我所能创造一个幸福的家庭生活和一个美满的家。我希望我的付出可以得到认可。汤姆也做出了牺牲,但我没有心情去慷慨地认可他的付出。

"为这段婚姻所能做的一切,我都做了。"我告诉他。

他默默地摇了摇头,低头看着自己的双手。

"不是这样的,瓦莱丽。"他没有反击,而是不作声了。这比咄咄逼人的语言更让我害怕。

"你什么意思?"比起他话里的那种安静和痛楚,我宁愿他跟我争吵,"我有什么没做到的?我敢说你想不出一件事来。"

他抬起头来,看着我的眼睛。他并不生气。他的眼神和肢体语言非常平静,但又充满了深深的悲伤:"确实,瓦莱丽。每当要做选择的时候,你都把艾米莉放在第一位。不管在什么情况下,也不管我对这个问题的想法或感受是什么,一切都无所谓。艾米莉总是第一位的。"他盯着我的眼睛,没有移开视线。他并没有威胁或激怒我,而是很清楚地表达自己。

他的话刺痛了我。就好像,我正准备好弹药去轰炸他,他却伸出手来,握住了我的手:"是的,你把艾米莉放在第一位。" 他捏了捏我的手,把我拉近。在那一刻,我没有想到他会有这样的温柔。

"但你知道吗?"他说,"我完全理解。"

我看着他,这个这么多年来一直站在我和艾米莉身边的男人。许多有特殊需要的孩子的母亲在某个时候被孩子的父亲抛弃，家庭和生活都会破裂。如果不是这样，就是父母双方都同意让孩子离开家，在专门的寄宿环境中度过一段时光。虽然我们经常争吵，对事情的看法并不总是一致，为了满足我们各自的需求产生争执，作为人类，我们目睹了自己的命运如您被施加的所有限制人地限制，但汤姆和我一直在并肩战斗。我们都选择了满足艾米莉的需求而忽略了我们自己。

"我理解，瓦莱丽，我理解你处理事情的方式。一路走来我们很艰难，这是肯定的。虽然我不会要求你改变任何一种方式，但我只需要你知道这一点：这样的生活对我来说也很艰难。"

我站起来，把他从座位上拉起来，用我的手臂环绕着他。他说得对，我一直把艾米莉放在第一位。尽管如此，他还是和我、和我们站在一起。他是一个伟大的男人。与你生命中最耀眼的那个人一同经营生活，没有哪种形式的爱有这般深刻，即使这样的生活对你们两个人来说都是痛苦。

"我爱你，汤姆。"我把头埋在他的肩膀上，"我爱你。"

（艾米莉的话）

新年计划

今年我有很多事情要完成。从个人目标到专业目标，都有点不同。首先，我想写一本诗集。我已经写了这么多首诗了。

我的个人目标是去约会，这是我清单上的首要任务。但这比较不切实际，我已经接受了。为了实现这个目标，我必须认识一些同在自闭症谱系中的男生，然后找到一个我可以忍受的。哈哈！

其他小目标包括尝试新的食物。我总是吃同样的东西。我想扩展我的味觉。我还想开始实施一个锻炼计划。

我想和一个男生跳舞。我觉得这件事情可以很简单，一首歌，一支慢舞，就像那些以高中为背景的电影一样。

我可能想去唱卡拉OK。我真的不会唱歌，但重点是我去了那里。

我还想学习更多的法律知识。这是我父母的职业，我对这个领域很感兴趣。

我还想参观更多的教堂。一个犹太人的生活是怎么样的，我真的一无所知。因为我身上有犹太人的血统，所以我想了解更多。

我非常喜欢这份清单，上面列出了一些挑战和一些难以实现的目标。但它也包含了我可以实现的目标和可以让我的未来更加丰富的计划。

在抚养艾米莉的早期，我们都有以下两种观念，在很长一段时间内，我们都对这种观念深信不疑。第一种观念是，只有在艾米莉的行为得到控制后，我们才可以送她去上学。

回想起来，我才发现这样推理是错的。尽管学校这样建议，但实际我们从未放弃过，我们一直要求学校要完全接纳艾米莉。显然，这是一个正确的决定。因为我们已经逐渐意识到，即使艾米莉的行为有问题，她仍然在学习，她的智力在不断发展。如果我们等到她的行为被完全控制，她就永远学不会她现在所做的事情，也不会取得她现在的突破。

其次，我们咨询过的许多专业人士认为，如果我们为艾米莉寻求任何类型的辅助或替代性交流方式，如"帮助沟通"、字母板或手语，她将永远无法学会表达自己。事实证明，艾米莉可能永远不会在传统意义上"开口说话"。

然而，在掌握了"帮助沟通"之后，她的声音、她的想法和她的意见已经得到了释放，这在以前是完全不可能的。不要害怕尝试这些方法。

虽然她有了沟通能力，我们还是有担心的理由。我们不知道我和汤姆离开后她会发生什么。在她会打字之前，我们没有任何头绪，而现在，我们也没有找到更能解决问题的办法。是的，沟通是她展示自己的能力和消解她大量挫败感的关键，但这并不是一劳永逸的解决方案，她仍然需要周围的人能够理解她并接受她的交流方式。应对日常挑战，甚至是那些对我们许多人来说是例行公事的挑战，例如确保药店正确地按照处方配药，或当市场上买不到某种配方的成分时立刻做出决定,这些事情很可能仍然具有挑战性,即便对许多正常人来说也一样。她还是需要某种形式的支持来完成日常生活的任务。艾米莉不能像打字那样清晰地用口头语言表达自己,会继续造成误解或根本不被理解。

现在回想起来,艾米莉不仅可以和我们交流,她还发现了个人能动性、创造力和真正持久的幸福,然而,这一路走来所经历的艰辛让人很难记得住。就像一个女人在怀里抱着美丽的婴儿时忘记了分娩的痛苦一样,我无法立即完整地回忆起在 2016 年 8 月 6 日之前,我们在生活中经历的挣扎、挫折和对生活的愤怒,直到我们的世界发生了改变。

当艾米莉第一次在 iPad 上打字时,我们带她去看她的神经科医生,医生宣布艾米莉能够打字是"一个奇迹"。我们打心底里认可,并希望"打字沟通"会对她的生活带来巨大改变。确实如此。但我们还期待着另一个奇迹的出现。我们怎么敢如此贪婪?

"我是疯了吗?"汤姆最近问我,"我还没有放弃希望。"

我们希望艾米莉能够通过口头语言来表达自己的想法。

我们还没走到那一步,也许永远也到不了了。但现在,她在生活中越来越独立。有一天,我们希望看到她能为自己的生活做出自己的决定,摆脱其他人对她的指导,充分体验她自己的力量,充分利用自己做决定的权力。

"她能独立生活吗?"汤姆反问道,"我必须现实一点。我担心她的安全。我不想让她被别人利用,或者让她陷入她自己无法掌控的境地。她不是一个主动行动者。这可能就是她没有自己拿 iPad 开始自己打字的原因。也许部分原因是她的行为障碍。不管我们对她有什么期望，这些也都被打上了星号。对于一个同样也患有自闭症的人来说，这意味着什么呢？"

我们都希望她能体验到多种多样的人际交往方式，有着丰富的生活经验，比如和朋友去酒吧，和闺密去旅行，谈恋爱，拓展交际圈，不受他人和我们的约束，减少对他人的依赖。实现了用 iPad 打字的突破后，我们已经开始相信，奇迹会降临。

现在，我们由衷地希望会有更多的奇迹出现。

（艾米莉的话）

如果你在十年前问我五年后的我会是什么样子，我可能回答不出来。如果你在五年前问我两年后的我是什么样子，我可能连猜都猜不出来。如果你在两年前问我，我的未来会是什么样，我可能还没有预料到我现在做的这些事情。但是，如果你今天问我，明天、两年后、甚至十年后的我自己会是什么样，那么我想告诉你，每一天蕴藏着进步和成长的可能性，每一年都是一个苦乐参半、反思总结的时机。每当有人向你的未来发问，如果你还不知道答案，请记得自我实现的预言就诞生在此刻，请在此刻，丢掉你身上不必要的包袱。

曾经，我害怕回答这个问题，害怕自己无法承受未来岁月中会经历的遗憾。但现在我知道并真正理解了这个问题的重要性，以及它在提问者和回答者之间承载的那种情感。说到底，这就是换了一种方式向答者提问，而一种不那么委婉的问法便是"你想拥有什么样的人生？"

没有人知道，也没有人能揣测出未来无数的可能性，那些创伤能在一瞬间突然颠覆你的世界，与家人、朋友和导师的关系可以在一夜之间变得密切，同样也可以迅速地消亡。没有人知道，我们都不知道。

我只知道，我们掌握着自己的命运，我们拥有力量去克服别人为我们设下的困难，爬出别人为我们挖下的深坑。对于我们中的一些人来说，这个坑是如此深，水不断地渗进去，想要在攀爬者看到地面之前就把他们淹没，爬出去似乎是天方夜谭。

但我与你同在。我攀爬过的道路很滑，有时会让我失去抓力，有时我甚至掉落人后。

但我与你同在。我曾眯着眼睛，想要看到这段挣扎的结局。

但我与你同在。我曾恳求我的身体去承受我的心灵所不能承担的重量。

我还在独立攀登，但做出了两个艰难的改变，我改变了我的观念和心态。如果不这么做，那么在我通往明天和未来的路上，一定满是泥泞。

所以现在当我被问到这个问题的时候，虽然我不能预测细节,但我可以说,我已经准备好了,我可以,我看到了不断攀登、继续征服的那个自己。我要大步向前走。

这就是我的未来,是明天的我,也是五年后、十年后的我。

不要停下脚步,不断地行动,不断地进步。

艾米莉的诗

遥远的自我

"这一切看起来不是很遥远吗？好像过着另一种生活？"
我问自己，以此来回答她的问题
她的问题如此紧迫
对我的影响如此重要
但在今天，在此刻
这些问题如此遥远
也许是我自己和那个不知疲倦地记录着生活的大脑
相隔了几千英里
才让我在这一刻有所体验
这一切看起来是如此遥远
也许是海洋、隧道和国界线
把我和我自己分割在了不同的时间和空间
我听到她发问，知道她所指，明白我该做出回答
但是，啊，这一切看起来是多么遥远
我真实体验着、感受着
一种异域的生活
我伸手去抓，但指尖太远

她的问题萦绕在我的脑海，无人解答，无人问津
因为我不明白，能真切感受到的
如此充实、丰富、质朴的生活
为什么离我如此遥远
我感觉到她的手放在我的肩上，温柔地将我拉回现实
她微笑着，耐心地等待着此刻沉默的我
我所能做的
我所能表达的
仅有
"这一切看起来不是很遥远吗？好像过着另一种生活？"

自闭症颂

哦，自闭症
你是我的厄运之源，也是我的幸运之匙
是我势必跳出的一个牢笼，是赋予我自信的一次攀登
像是体内的单胺相敌了
为了主宰，不断争锋
但我的反抗从未让他们得逞
你夸大了所有，并[1]
踩住了所以
因此让我深刻地感受到了这个世界
生命的种种感受
总逃不过你的魔掌
终被一扫而光、不复存在
但你对我的钳制
始终无法阻止我
继续前行
我们相辅相成
因为你中有我
而我就是你

---

[1] 译者注：所有细仿宋体的文字都是艾米莉的原创，没有经过任何人编辑，包括本书的出版商。艾米莉写下的所有文字都是初稿。

无路可循

裹着毛毯和床单
一个梦在耳边呢喃
它离去悄无声息安静如初
支离破碎散落一地
恰好让人失去理智
足以让人胆战心惊
蒙眬的视线里,没有美梦
惺忪的睡眼中,没有佳景
取而代之的
是降临的黑暗
是逼近的寒意
是束手无策的厄运
它像一位许久未见的朋友
悠然自得地靠近
被怀抱着的身躯
还在酣睡着仍在美梦中
纹丝不动
当太阳开始苏醒
我也想睁开双眼
但黑暗逼近
恐惧在一呼一吸一举一动之间
围困无法挣脱自身的桎梏

醒来困意冲散殆尽

围困黑暗褪去成灰

醒来恐惧近在眼前

围困无法逃离自己的躯壳

恐惧

凝聚成形

在我脑海中的幻象里

困在梦醒之间

陷入虚实之辨

纵使我想

也无能为力

无法动弹的身躯

看着狰狞的面孔

张牙舞爪地逼近

惊悸不安

这里已被恐惧吞噬

恐慌

尖叫

缓一次呼吸我渴求着空气

蓦地睁开了眼

光亮开始显现

黑暗悄然离去

悄无声息安静如初

支离破碎散落一地

足以让人神形疲惫
只留给我一个问题
黑暗何时再次降临？

影像思维

冻结了时间的此处
容颜几乎保持不变
记忆中的影像欺骗了时间
化脓湖甲方册
记忆的影像让我震惊
想象如水一样倾泻而下
才是真实所在
在现实生活中停下脚步，只保由广影像中的
希望持续存在
图片永不褪色
定格的影像冻结了时间

你还好吗?

我知道我的名字,但这不能回答你的问题。
我可以让这些音节从我舌尖滑落,但有些人可能听不懂。
艾米莉。确切地说,是艾米莉·菲斯·格罗丁。
我知道你的所想,了解你的所求。
但往往我的身体只听从它自己,对你不加理会。
我不知道发生了什么,你怎么不告诉我。
我们可以聊聊政治局势,或者我们的星球正在消亡的事实。
我可以联想到世间万物,但如果你想了解我,你就错了。
哦,我需要回答吗?我应该平静下来吗?
你一定认为我享受失控的感觉。你也认定我不想平静下来。
还有,我是不是太吵了?是我发出的声音吗?声音太刺耳了吗?
要不要从我的大脑中听一听这些声音。要不要从我的脑中听一听生命的节奏。
电话铃声响起、飞机从上空飞过,我自己跳动的那颗心,它跳动着、跳动着,有规律地一直跳动着。
然后,你可能会真正理解,我为什么如此吵闹。
我不知道我的所求,或者即使我知道,怎样才能让别人也知道?
当我无法组织语言、无法合理安排自己的计划。

这时,我就会面临选择。

一个如此复杂的人,面临的选择如此之少。

这里的三样东西,有一件不太可能是我需要的。

啊,但是选择又多了一些,选择已经太多了。

很快,我就被淹没在了你给我的选择中,窒息了。

当然,我还要再次尝试。

我会尝试,再次尝试,不断尝试。

因为我想成功,而且我知道如何去做。

但是,当我没有达到你的要求,你就认为我没有听懂。

对我来说,这是极大的误读。

不,我一点都不好。

我挣扎着说出这些话,摸索着完成这些动作。有什么好?

告诉我,这有什么好?

被听到

街上来来往往的路人,都需要表达自己
无论是温和的
还是激进的
不管是沉默着
还是呐喊着
一个声音就是一种想法
不管是平静的
还是绝望的
想法若不被听见,便毫无意义
我们是否听见了他们的声音?
我问你
我问我自己
因为我知道
无法出声是什么感觉
无论我是平静
还是激动
无论我尖叫
还是沉默
我的声音代表了一种想法
无论是冷静地说话
还是绝望地发声
我的想法若不被听见,便毫无意义

我希望,街上来来往往的行人都能表达自己
因为在变得激进之前
人们都是平和的
当我们被迫失声
我们就大喊大叫
以小朋友发出的声音说一种想法
在我们平静的时候
在我们绝望的时候
而我们的想法若不被听见,便毫无意义

会说话的三明治

给我做个三明治
是的,请加上芥末
听着,我一直在想
当然,加上泡菜会很好
真的,虽然我们应该谈谈
生菜?可以
不,不要蛋黄酱,谢谢
请减掉多余的热量
请听我说完
有件事我应该告诉你
我憋在心里,快要疯掉
我……那是什么?
应该放在了牛奶后面
看看剩菜旁边有没有?
是的,没加奶酪就不吃了
每一个的三明治都需要奶酪
我只是想把这件事说出来
应该只需要一点时间
切成两半就可以了
来点薯片?
可以
你能不能不要再提那该死的三明治了!

我需要告诉你一些事情!
你知道吗?
还是算了
不
不知道为什么,我没胃口了

鞋带

在孩子们的眼中,生命是轻快的
他们可能性没有背负着期望
四处散发着强烈又丰富的好奇心
只为世间美好而感动

学会每天都迎接阳光的照耀
太阳充满温暖,闪闪发亮
不去担忧未完成的事
身在课堂,心在游乐
就像系紧了的鞋带
很快就会被解开
孩子们踏入一个未知的世界
一步步走向他们的骄傲之路
是的,在孩子们眼中这就是美
只是长大后,世界让我们迷惑其中

很少说的话

我没有一句 能够说出口的话
无法告诉你 我内心所想
我的感受喜怒无常
除此之外 我什么都

我不善言辞并不意味着我无法表达
因为我清楚地知道如何描述
不能开口说出的那些话
脑海中的想法不能被转述

所以我一字一句打出了自己的感受
一次 缓慢地只打出一个字母 一个单词
把我脑海中的话倾倒在屏幕上
幸运的话 我还能押韵

这种方式不寻常
对我来说很有效
好比在一片寻常的海面上
一个特别的女孩正在游来游去

无声的诗人

她的世界充斥着无休止的喧嚣。喇叭响起,婴儿哭闹,门外狗叫。
一位安静的诗人、一位沉默的诗人,独自坐在那里。
嗒,嗒,嗒。
在扫叶机吹奏的歌声中,这位沉默的诗人轻轻打着节拍。
一位安静的女孩在脑海中筛选着的词语,它们的旋律必须优美。
与电视节目的口语和咆哮相对比,如果将电视静音,节目会更精彩。
一位沉默的诗人在沉思。
水滴下。纸张沙沙作响。鸟鸣叫。
一首无声的诗开始有了生命。
如果不是从诗人那里得到了安静的赠礼,这些字句就会消失在喧嚣中。
她用华丽的词句和夸张的停顿来表现这一呼一吸。
门铃响了。脚步有些沉重。她听见了声音。
诗人的思绪被无声地带走,她仿佛已有准备。
一扇古老的门嘎吱作响,沉默的诗人侧耳倾听。
开启了一场只问不答的礼貌对话,
随之而来的必须是长久的沉默。嗒嗒嗒。
在月光低鸣的歌声中,一位沉默的诗人轻轻打着节拍。
这歌声如此轻柔,几乎听不见声响。

一位沉默的诗人,拥有了安静的陪伴,
向那无休止的喧嚣道一声晚安 在酣睡中做一个美梦,
只剩下一种声音可以被听到,
那是一首无声的诗。嗒,嗒,嗒。

异域之地

源源不断的新鲜感向我涌来
不能被简单地分为风景和气味
因为它们是如此奇异 在独特之外
与我所习惯的一切如此不同
就好像空气中的每一个粒子都进入了我的身体
在向我低语

此刻 我身处一个我从未来过的地方
太阳落得很晚 不符合昼夜节律
不同的时区让生物钟响起
在陌生的床单上休息 对身心疲惫的旅者是一种安慰
清晨之际 城市将你唤醒
行人低沉的脚步伴随着异国汽车的轰鸣
将旅者从昏睡的梦中和温暖的毛毯中的叫醒
这里等待着你去探索
新的一天开启 在需要出行的时候
记得挥舞自己的手 或是挥舞塑料卡片或是靠着磨坏的鞋底

去欣赏陌生的建筑 去听懂异国的语言
时刻都被提醒 你离家如此遥远
目的地和出生地之间的海洋 宽阔无垠

不能随意回到故地

这片陌生的土地期待着与你相识
闪烁的霓虹　未听过的音律　向你倾诉
随风飘散的草药和季节的气味
与你一起在天花板上飘荡
不断让你想起一个空荡荡的肚子
你被邀请进入舒适之地
饱了食欲　解了口渴

热心的服务员递上菜单　向疲惫的旅者介绍陌生的选项
他们用口音提醒着你
这个对你来说陌生的地方　对他们来说就是家
你在脑中升起了一个异域的想象
想象在这片未知的土地上　人们如何生活
想到这些对我来说如此陌生的东西
对另一个人来说是舒适、是熟悉
生长在这片土地　呼吸着这些味道　嗅闻着这些气味
虽然对我来说是陌生　但对另一个人来说就是家
戴上口罩的我感到快乐　因为我知道有人热爱这片土地
以一种热爱家乡的方式
在这些土地、语言、风俗和风景之外
更奇怪的是
我尝试着从旅者的角度去观察我的故乡

我想知道 什么东西会让他们震惊 什么气味会让他们
印象深刻 哪些景象会让他们流连忘返
让他们觉得栩栩如生 让他们惊叹不已
就像他们的家乡带给我的感受一样

但我把这一切推开 压制这个想象
好让自己继续欣赏这片不属于我的、在故乡之外的土地
但它却欢迎了我 吸引了我的注意 热切地渴望与我相识
我永远不会忘记
它送我一堆小饰品和玩具
上面潦草地写着或用墨迹留下了这座城市的名字
而这些物品 虽然在我自己的盒子里是特别的、神圣的
却无法还原亲身经历 就算回忆也无法
让我充分感受这异域之地

无法解释

我感到有一种压力
人们期待我去解释
以这具躯体生活
是一种什么样的体验

我的身体不受掌控
没有想象中那么温顺
我真想知道 我要多努力
才能控制自己
才能思考世界
因为其他事情都轻而易举

我不喜欢没有挑战
说到容易 我本可以只是
安安静静地看着世界旋转
不做任何贡献 甚至满口废话
我本可以只是这样

我无法解释
更不能理解
生活中接二连三的事件
是我做出选择的结果

我没有清晰规划的行动
也不能说出我内心所想
于是我写下了我的想法

我需要一些时间
才能真正让你知道
我在各方面有多么不同
你做的大多数
对我来说都不一样
我的布线有点独特
我寻求的感官体验也很特异
我已用尽全力
让人们读懂我的文字
写下我成长中的经验
努力让人们看到
自闭症患者的大脑深处
一个完善了的系统正在运作
一个未被抛弃的人还在呼吸
所以你看
我尽我所能
我可以笔耕不息 但还是不能巨细无遗
写出所有 写下真实
我会努力 继续朝着解释不可能的方向前进
直到巨细无遗

他们错了

他们说我没有办法理解这个世界
而且我永远不会体验真正的生活
说我太过这样,太过那样
不太可能成长或规划我自己
他们错了
他们告诉我要冷静,要放松
但他们没有给我地图
引导我走向正确的方向
他们错了
所以我自己画了地图
虽然没有他们的帮助
我没有问别人就找到了这条路
因为当他们错了
他们也一无所知
我决心帮助自己成长
我想出了办法
找到我自己的捷径
一旦我规划好自己的路,我就会帮助别人描绘他们的地图
认为我渺小 假设我无能
他们会发现他们错了

如果诚实点说
一路以来 我应该感谢他们
我之所以成为今天的我,是因为
他们错了

致谢

一段光阴间,艾米莉是我国联邦法律和州立法律的直接受益者,这些法律强制要求在公立学校为残疾人提供服务和机会。如果不是那些不辞辛劳的律师们坚持要求变革,如果没有政府领导人的同意,艾米莉就不会拥有她现在所拥有的选择和机会。然而,如果没有瓦莱丽·瓦的曼律师初步的指导,没有我和汤姆一直以来的坚持,我们将永远看不到艾米莉应该享有的权益。对有特殊需要的人来说,他是一位真正的权益争取人,再加上我和汤姆一直都很关注他们的权益问题,最终,法律是站在我们这边的。我们很幸运,20 世纪 90 年代和 21 世纪初确实是争取这些服务的最佳时期,至少在我们地区是这样。艾米莉所享有的各种服务,而不是某一种或另一种,无疑促进了她的成长发育并让她达到了今天的成就。

自 1993 年艾米莉被诊断为自闭症以来,自闭症儿童的人数呈指数级增长。我们确实有必要承认,对于那些在自闭症谱系中很少说话或完全不会说话的儿童来说,传统的语言疗法并不总是解决沟通障碍的唯一方法。现在我们应该认识到,包括"帮助沟通"在内的所有形式的辅助沟通都必须被纳入合法的治疗方法当中。我们希望我们的故事,以及其他许多家庭通过"帮助沟通"而改变了生活的故事，能够让这种方法作为改善沟通的一种可行有效的方法，否则那些自闭症患者将永远没有机会表达自己。

我们要感谢不可思议的迈克尔·帕尔冈，他很早以前就知道了我们的故事，并且一直想让大家都听到这个故事，他知道这是一个全世界都应该听到的故事，所以他不知疲倦地工作，最终让它呈现在大家面前。还有谢尔·赫希拉比，他为我们作了序。感谢伯纳黛特·墨菲，在整个过程中她既是我们的朋友，也是我们的顾问和文学指导。我们还要感谢威廉·莫罗公司的优秀编辑毛罗·迪普雷塔和维迪卡·卡纳，感谢他们对这份手稿敏锐的洞察力和真切的关怀。感谢达琳·汉森，她是我们启蒙的一座灯塔，在她的推广下，我们了解到了"帮助沟通"，并在我们和其他许多人运用这种方法的过程中给予了指导，也感谢琳赛·古德里奇，她是一个天赋异禀的交流伙伴，我们从见到她的第一眼起就爱上了她，她始终坚信艾米莉拥有无限的可能。感谢斯蒂芬妮·刘易斯，她在旅途中一直陪伴着艾米莉；感谢尼克·贾亚拉姆，他给了艾米莉很多启发；感谢玛尔塔·阿马亚，她与我们一起经历了风雨。

最后，感谢汤姆，尽管我们面临各种挑战，他对我和艾米莉的那份爱从未动摇：谢谢你，亲爱的丈夫和父亲，你是我们强大的后盾，给予我们莫大的安慰和关怀，我想说的是，谢谢你所做的一切。

作者说明

所有细仿宋体的文字都是艾米莉的原创,没有经过任何人编辑,包括本书的出版商。艾米莉写下的所有文字都是初稿。

写作时,艾米莉的身边有很多位不同的协助者,他们都使用相同的方法去帮助她,即触摸她肩膀部位的衣服,而不会触碰到她身体的任何部分。

写作时,艾米莉使用的是 iPad,一般会被放在书桌上或桌子的支架上。

在艾米莉对童年和家庭事件以及个人经历的回忆中,作品的真实性能够得到很好的证明,任何协助者都不知道艾米莉所写下的这些内容。